本书获贵州省民族宗教事务委员会民族古籍整理办公室经费资助

水西往事

贵州省民族宗教事务委员会民族古籍整理办公室　贵州省彝学研究会／编

李光平／编著

贵州大学出版社
Guizhou University Press
·贵阳·

图书在版编目（CIP）数据

水西往事 / 李光平编著 . -- 贵阳 ： 贵州大学出版社，2024. 9. -- ISBN 978-7-5691-0938-2

Ⅰ . D691.4

中国国家版本馆 CIP 数据核字第 2024EG4689 号

SHUIXI WANGSHI

水西往事

编　　著：李光平

出 版 人：闵　军
责任编辑：杨小娟
装帧设计：陈　丽　方国进

出版发行：贵州大学出版社有限责任公司
地址：贵阳市花溪区贵州大学东校区出版大楼
邮编：550025　电话：0851-88291180
印　　刷：贵阳精彩数字印刷有限公司
开　　本：787 毫米 ×1092 毫米　1/16
印　　张：18.75
字　　数：212 千字
版　　次：2024 年 9 月第 1 版
印　　次：2024 年 9 月第 1 次印刷

书　　号：ISBN 978-7-5691-0938-2
定　　价：76.00 元

版权所有　违权必究
本书若出现印装质量问题，请与出版社联系调换
电话：0851-85987328

编委会

编　　委：杨小明　龙小金　安金黎　黄　平
龙天来　黄家跃　李光平　方家印
陈光明　李平凡　陈世军　柳远超
王明贵　秦廷书　吴浩亮　高　昂
审稿专家：李平凡

前　言

《水西往事》是参照王继超、瞿瑟主编的《西南彝志》（彝汉文对照版）中的《妥阿哲世系》部分，以及《布默战史》中《水西抗击吴三桂之战》的篇章，再结合《水西简史》《中国彝族通史》等历史著作，并融入相关民间传说，综合编著整理而成的一部作品。

历史上，贵州水西地区是鸭池河以西的区域，其范围包括今天的毕节、六盘水两市的大部分县区。妥阿哲家族的历代首领从汉朝末年到清朝初年一直是历代中央王朝任命的水西土司，时间长达一千余年。在封建王朝多次更迭的情况下，这个家族之所以能经久不衰，最主要的原因是他们对历代中央王朝均保持着恭顺服从的政治态度，同时也始终秉承着彝族文化与汉族文化同源一体的文化认同，总是自觉地维护国家统一与民族团结。汉朝末年，这个家族的远祖妥阿哲（又名济济火）因协助蜀汉丞相诸葛亮南征有功，被蜀汉后主刘禅封为罗甸王，且世长水西之地，从此开始这一家族在水西的统治。唐朝时期，这一家族的时任首领阿佩进京朝拜，被当时的唐朝皇帝封为罗甸王，仍长水西之地。宋朝时，水西首领普贵进京朝拜后被封为矩州刺史，领地仍为水西。在此后的元、明、清三朝，妥阿哲家族的首领均先后被封为亦奚不薛宣慰使、贵州宣慰使、水西宣慰使，其称谓虽然在不同王朝有所不同，但共同之处是他们的封地仍在水西。明朝之前，妥阿哲家族是以彝族父子联名制的方式进行姓氏传承的，明朝后洪武皇帝朱元璋赐其汉姓“安”，此后其家族便以安氏为其姓氏。

妥阿哲家族历史上曾经有过不少为国家统一和民族团结做出突出贡献的历史人物，其中以明朝初年的贵州宣慰使奢香夫人和清朝康熙年间的水西宣慰使安坤及其禄夫人等最为突出。

奢香夫人本是明朝初年贵州宣慰使陇赞霭翠之妻，因霭翠不幸英年早逝，朝廷任命陇赞霭翠之子安的承袭其职，但因安的年纪尚小难以履职，便任命其母奢香夫人代理贵州宣慰使。奢香夫人任职后勤于政务，水西之地出现政通人和、百废俱兴的大好局面，因此引起时任贵州都督马烨的嫉妒，于是，他寻衅滋事把奢香夫人捆在其辕门进行鞭打，意欲通过鞭笞奢香激反水西彝族各部，他好借机荡平水西。奢香被鞭打后，水西彝家各部土目群情激愤，都要求起兵报仇。奢香夫人反复权衡后认为，明朝天下初定，水西若起兵找马烨报仇，必然再起兵灾战火，正好中了马烨的奸计，且也会危害国家统一与民族团结。于是她决定不用以暴制暴之法找马烨报仇，而是亲自上南京向朱元璋皇帝陈述实情，她相信朱元璋为了天下安定不会让马烨胡作非为的。奢香夫人上京陈述详情后，果然受到朱元璋的重视与好评，他查清事实后依法惩处了寻衅滋事的马烨，奖励了为国家安定忍辱负重的奢香夫人。此后，奢香夫人不负皇恩，在水西修通了九条通往外省的驿道，并从外地引进汉族儒学先生到水西传授汉文化，为水西地区经济文化的发展做出了巨大贡献。

安坤是妥阿哲家族统治水西的第八十四代宣慰使，也是水西历史上史书记载较多与民间流传甚广的一位历史人物。他与其夫人禄阿香在清朝康熙年间率部抗击破坏国家统一的奸臣吴三桂，为维护国家统一做出了贡献，他们的故事至今仍在彝区广为流传。

在明清历史上，吴三桂是一个反复无常的奸臣和分裂国家民族的罪人。他原本是大明王朝驻守山海关的总兵，主要任务是对抗关外的清兵。明末李自成的农民起义军灭了明王朝并建立大顺政权之后，吴三桂先投降大顺后又投降了清朝，并引清兵入关先灭了李自成，随后又领清兵剿灭明朝残余势力，为清朝夺得天下立了大功，因此被清廷封为平西王，坐镇云南昆明，统辖云贵两省。他被封为平西王后便生出分裂国家的主意，他打算先以滇黔为根本建立自己的独立王国，进而再举反清旗帜分疆裂土。为了实现这一狼子野心，他决计先扫除对朝廷忠心耿耿而又扼守滇黔要道的水西彝族土司安坤这一障碍，于是他多次捏造事实诬陷安坤欲反，请求清廷允许由他带兵征剿水西。康熙三年（1664年），朝廷错信了吴三桂诬陷安坤的谎言，同意他带兵征剿水西，由此引发了水西各族人民抗击吴三桂的第一次战争，彝史称为“甲辰之战”。在此次战争中，水西军民先是大败吴军，但后来因出了内奸岔嘎哪而被吴氏战败，安坤战死，安坤之妻禄夫人带幼子安胜祖逃往乌蒙彝区避难。几年后吴三桂终于撕下面具正式反清，开始了分裂国家的武装叛乱，清廷派贝子章泰率领大军对吴三桂进行平叛。在平叛战争中，几年前被吴三桂逼迫逃往他乡避乱的安坤之妻禄夫人回到水西，她利用自己的威望联络旧部起兵协助朝廷平叛，既为其夫君安坤报仇雪恨，也为维护国家统一立下大功。为表彰其功绩，清廷正式下旨为安坤平反昭雪，任命安坤之子安胜祖为新的水西宣慰使，封禄夫人为“柔远夫人”。

关于水西妥阿哲家族的这些历史故事，《西南彝志》中的《妥阿哲世系》部分有较为详细的记载。《西南彝志》被称为“彝族的百科全书”，所载内容涉及古代彝族天文学、哲学、历史学、文学、医学等各个方面。该书的古籍原本是解放初期大方县一位布摩世家的后人捐赠给国家的，现存于北京民族文化宫，国家图书馆出版社于2017年将原版本影印成八册线装书出版藏存，此影印本的第二册有《妥阿哲世系》的古彝文记载。过去古彝文在彝族地区只有布摩等少数彝文专家掌握，故20世纪50年代中期，毕节地区行政公署就专门成立了彝文翻译组，聘请罗国义、王兴友等几位彝族老先生对《西南彝志》这部奇书及其他彝文古籍进行翻译，经过多位专家的共同努力，1966年终于译完了《西南彝志》这部巨著。这部巨著虽然翻译完了，但由于当时的译者全是按原文直译，也没有按照“志”的体例分门别类，因此，除了少数专家外，不懂彝语与彝文的人根本读不懂他们的译著。于是，从2013年起，毕节彝文翻译中心主任王继超先生再次组织专家对《西南彝志》译本进行重新的彝汉文对照编辑整理，最终形成七卷本巨著，且于2019年由贵州民族出版社正式出版。在王继超、瞿瑟主编的这部彝汉文对照的《西南彝志》里，《妥阿哲世系》部分位于第三辑第600至622页。

关于妥阿哲家族以及安坤和禄夫人率部反击吴三桂这段历史，清代就有彝族民间知识分子用彝文诗歌的形式写成了《吴王剿水西》一书，这部书的作者为佚名，成书年代应为清朝中晚期。此书的内容与《西南彝志》的《妥阿哲世系》部分所载内容大同小异，但它更加突出了安坤及禄夫人率部反抗吴三桂的暴虐行为并助清平叛这一史实。

王继超先生将这部书综合整理后翻译为《水西抗击吴三桂之战》，收录于其主编的《布默战史》一书中，由贵州民族出版社于2007年正式出版。这一译本的内容包括甲辰首战、濯色兹摩遇害、栖身阿芋陡、吴三桂叛清、益诺与归宗反目、助平叛洗冤、迎兹摩归来等七个章节，较为详细地讲述了安坤夫妇率部抗击吴三桂分裂国家之战的来龙去脉。

《水西往事》一书就是在王继超先生的两个彝汉文对照本基础上重新编著整理的。

我之所以要在王继超先生彝汉文对照本的基础上进行重新编著整理，主要基于这么一个原因：我仔细拜读王继超先生的译本后深深地感受到，他的译本虽然比罗国义、王兴友、陈英等几位彝文老先生于1982年完成的译本有所进步，但仍未从根本上解决其他民族的读者难以读懂此书的问题。比如他在译文中，对吴三桂的称呼不直接称为平西王或者吴三桂，而是直译为“吴啥”(彝语吴汉人之意)。又比如，对云南、四川和贵州几省的称呼，不直接用今人能读懂的云南省、贵州省、四川省等，而是用古彝文直译为“昆明洛姆”“成都洛姆”“贵阳洛姆”等，不懂彝语的读者就不知其意了。同时，由于他的译本仍拘泥于原著五字一句的诗体对译，今人读起来感觉到这两部书籍就成了诗不像诗、散文不像散文的作品，处处都是“我的官老表”“在法也没有”之类的方言土语。此外，这两部彝文书籍的原作者是彝族民间知识分子，由于受资料所限和缺乏历史知识，他们对吴三桂到底是个什么身份的人物，水西安阿哲家族与历代中央王朝有什么样的臣属关系等知之甚少，他们著作中的内容信息就难以做到准确。而王继超先生的译本只是对原著进行归类和直译。基于这些缘故，我决心对这两部书籍的部分内容进行重新编著整理。我编著的《水西往事》，虽然基本史实与主要人物形象来源于王继超先生的彝汉文对译本，但表现手法与体例上与他有着根本的不同。

首先是主要内容方面的不同。王继超先生的彝汉文对照本中，《妥阿哲世系》和《水西抗击吴三桂之战》两部分的诗相加只有八个小节，其中有部分内容还重复了。而我编辑整理的这部叙事长诗共计二十八章，基本无重复之处。二十八章的内容主要分为三个部分：第一章到第五章为第一个部分，主要叙述妥阿哲家族与水西的来龙去脉，安坤与禄夫人的爱情故事，以及吴三桂诬陷安坤的情况等。第二部分从第六章到第十九章，主要叙述水西各族人民反抗吴三桂之战。第三部分从第二十章到第二十八章，主要叙述禄夫人及其子安胜祖率领水西、乌撒各部协助清廷平定吴三桂叛乱的事件。

其次是表现手法的不同。王继超先生的彝汉文对照译本是按原著五言诗的体例直译的，但因受限于彝语到汉语的转换及五字一句的固定格式，内容就难以有诗歌的优美意境和语言，显得较为生硬与直白。而我重新编著整理的著作则是突破了五字一句的局限，更加注重运用新诗的表现手法，以诗的语言和意境去叙事抒情，从而使这部古籍整理著作成了真正意义上的叙事长诗，有了更强的文学意味。

最后是叙述史实的表现形式不同。王继超先生的彝汉文对照译本没有用当代历史学家对水西历史研究的一些成果去完善相关内容，而我重新编著整理的这部书籍则融入了近年出版的《水西简史》《中国彝族通史》中的相关内容。

在保留原书基本内容的基础上重新进行编著整理，这是近年来不少专家学者在整理少数民族古籍时经常采用的一种新方法。我这部书稿送审后，贵州省民族宗教事务委员会民族古籍整理办公室曾将我这部作品送请国家民委古籍办专家审读，他们对这种在保留原书内容基础上进行重新编辑整理之法也表示认可。

需要特别说明的是，我这部作品是在贵州省民族宗教事务委员会民族古籍整理办公室、贵州省彝学研究会的大力支持下完成的。2022 年 7 月，贵州省民族宗教事务委员会召开省级各民族学会负责人参加的少数民族古籍整理座谈会，我根据会议精神申报了这一课题。此后，贵州省彝学研究会会长安金黎、常务副会长兼秘书长黄平，贵州省民族宗教事务委员会民族古籍整理办公室主任杨小明、调研员龙小金，贵州省民族研究院原党委书记、院长李平凡等曾对本书初稿进行认真审读，提出了不少修改意见，我均全部予以采纳，贵州省民族宗教事务委员会民族古籍整理办公室又对此书出版给予资金资助，对此我深表感谢。

李光平

2023 年 10 月 15 日

目 录

MULU

001 / 序歌
003 / 一、阿哲家族和水西彝区
030 / 二、安坤其人其事
037 / 三、安坤与禄氏夫人
048 / 四、明朝的垮台与吴三桂其人
060 / 五、安坤与吴三桂结怨
064 / 六、水西乌撒联合抗击吴三桂
068 / 七、皮熊出任水西军师
072 / 八、乌撒借道
077 / 九、锅圈岩七星关大战
087 / 十、吴三桂被困果勇迭土
098 / 十一、岔嘎哪叛变投敌
104 / 十二、李总兵营救吴三桂
106 / 十三、禄夫人和幼子到乌蒙家避难
117 / 十四、彭魁骂色掩护安坤突围
126 / 十五、安坤兵败火著阻母
133 / 十六、热立鲁斗战死皮熊被擒
136 / 十七、安坤九里箐被擒
146 / 十八、安坤和皮熊壮烈牺牲
151 / 十九、兔死狗烹岔嘎哪被斩
157 / 二十、禄夫人为安坤设坛斋祭
166 / 二十一、禄夫人在阿芋陡站稳脚跟
172 / 二十二、吴三桂叛清搞分裂割据
175 / 二十三、禄夫人率旧部助清平叛

183 / 二十四、水西兵马大败李提督
187 / 二十五、岔嘎哪亡魂找李提督报仇
189 / 二十六、吴三桂气绝身死
193 / 二十七、大清朝廷为安坤平冤昭雪
197 / 二十八、安胜祖顺应时势改土归流
201 / 尾歌
203 / 附录一　彝文古籍《西南彝志·叙默支系》（节选）
237 / 附录二　《水西抗击吴三桂之战》（节选）

序歌

天边的月亮像一只弯弯的牛角，
月亮的清辉照耀着院坝里的篝火。
篝火边有一位白头发的彝族老人，
老人的口里唱着一首忧郁的彝歌。

彝歌叙述的是一个悲壮的故事，
这故事传遍了水西的旮旮角角。
那是大清朝年间一个深秋的夜晚，
吴三桂的铁蹄踏碎了彝家梦里的村落。

水西的汉子死了一批又一批，
吴三桂的兵丁来了一拨又一拨。
彝家的牛角号吹了一遍又一遍，
彝山的青杠树长了一棵又一棵。

棵棵青杠树都昭示着一个真理，
水西的汉子死了也都还在站着。
吴三桂的暴行已过去三百多年，
水西依旧流传着那首悲壮的反抗之歌。

彝家歌师把古老的故事从头讲述，

彝家汉子把悠扬的月琴含泪弹拨。

故事和月琴直讲 / 弹了三天三夜，

讲 / 弹得满天星斗也纷纷泪落。

一、阿哲家族[①]和水西彝区

在清王朝统治下的贵州西北一隅，
有个古老的地方叫作水西。
鸭池河是水西的绿腰带，
九曲回环不停地向东流去。
鸭池河是水西的疆界河，
划分出水东水西两个不同地区。

水东的江山由宋氏土司领导，
水西的地盘由阿哲家土司治理。
朝廷的流官实行的是几年一任到时就换，
土司的官职实行的是子承父位代代世袭。

太阳是月亮的亲戚，
星星是月亮的小弟。
土司听命于朝廷的总督巡抚，
百姓听命于阿哲土司家的兹摩[②]阿纪。

水西的兹摩由阿哲家世代相袭，

---

① 阿哲家族指的是水西土司安氏家族，因三国时其首领妥阿哲助诸葛亮南征有功而被封为罗甸王，且世长水西，明朝后改为汉姓“安”。

② 兹摩，彝家部族首领之意。

最早的兹摩可从汉末的三国时代算起。
阿哲家的先祖勿阿纳到贵州拓土开疆，
他的后辈妥阿哲在水西奠定了千年根基。

妥阿哲的政权称为慕俄沟，
慕俄沟的江山有两万平方千米。
慕俄沟的百姓有十万三千多户，
慕俄沟的兵马有九千九百九十九骑。

慕俄沟扼控着滇黔川三省咽喉要地，
慕俄沟的土地上山高林密。
慕俄沟在水西修建九重宫殿，
九重衙门把水西的各项事务管理。

水西的江山风景秀丽，
水西的土地宽广无比。
杜鹃花像五彩云霞开遍山山岭岭，
苦荞花像绫罗绸缎铺满坝子平地。

妥阿哲对朝廷的皇帝十分敬重，
尊称他们是天上下凡的星宿。
蜀国丞相诸葛亮当年南征平叛，
妥阿哲就为他助了一臂之力。

诸葛亮对妥阿哲的态度十分满意，
派大将送给他九十九驮盐巴和布匹。
妥阿哲给蜀丞相三千三百多匹骏马，
外加五十五驮白银作为回赠厚礼。

慕俄沟的骏马被称为爬山虎，
翻山越岭宛如行走平地。
诸葛亮平定南中七擒孟获，
妥阿哲家的战马为他获胜出了大力。

诸葛亮班师回朝论功行赏，
蜀主加封妥阿哲为罗甸王，且世长水西。
水西的政权从此名正言顺归了阿哲家族，
阿哲家族的地位从此有了稳定根基。

从东汉到大清经历了一千多年，
封建王朝的江山历经多少次朝代更替。
历朝皇帝都封阿哲家为水西之主，
土司的称谓时有变化，地位却是世袭。

阿哲家江山千年坐稳，
阿哲家有一条千年祖训。
遇大事要会见风使舵，
新王朝来时要会顺天承运。

阿哲家统治水西有八十五代，
八十五代中有不少兹摩掌门。
他们的业绩载入了彝书汉史，
他们的智慧让阿哲家长盛久兴。

唐朝时阿哲家兹摩阿佩率团进京，
唐武宗封给阿佩罗甸王王印。
宋朝时阿哲家兹摩普贵进京朝拜，

宋天子授给他矩州刺史黄金官印。

元王朝的兵马夺取了大宋江山，
阿哲家的兹摩又一次顺天承运。
阿哲家兹摩阿窄归附了大元王朝，
元朝皇帝封他为亦溪不薛宣慰使[①]。

大元朝的天下是蒙古贵族掌权当家，
“亦溪不薛”是蒙古语对水西地域的称谓。
阿哲家的领地仍是水西彝区，
官爵却从前几朝的王侯变成了元朝的宣慰。

大元朝的江山靠武力所得，
大元朝的高官大多出自马背。
马背上出身的官员性格乖张，
百姓有说不完的苦和流不尽的泪。

元朝时阿哲家有个女兹摩名叫奢节，
她就起兵反抗过元王朝的暴政。
奢节本是顺元路亦溪不薛总管府总管阿里的夫人，
夫君英年早逝由她摄总管职。

元朝的将军要向“八百媳妇国”[②]开战，
要水西兹摩奢节备好远征的军费。
要求她将十万两白银在九天内备齐，

---

① 宣慰。元、明、清三朝中央王朝对水西安氏土司的全称应为“宣尉使”，但彝族人民习惯简称为“宣慰”。

② 八百媳妇国，为元朝时傣族部落之一部。

还要将五千匹战马在半月里送往元军部队。

那几年水西之地连年遭遇干旱，
水西地有多少百姓缺粮断炊。
奢节兹摩一时间凑不齐马匹白银，
元朝将军要治她贻误军机的斩首之罪。

奢节兹摩冲天一怒率领水西彝兵，
举起义旗反抗元王朝的暴政。
奢节起义震动了大元朝廷，
元皇帝调来十万精兵将她团团围困。

女英雄奢节兹摩不幸战败被俘，
慷慨就义时说出了一番惊人话语：
水西阿哲家本来无意背叛朝廷，
此次反抗是元朝的将军逼我无路可退。
我今天既然兵败被擒，
我愿意将自己的头颅向朝廷领罪。
只求你们向朝廷表明奢节造反原因，
不要株连阿哲家后人和水西百姓。

奢节慷慨赴死的气度感动了元军统领，
将奢节反元的起因上报了大元朝廷。
朝廷明令此次平叛只诛杀奢节一人，
亦溪不薛仍由阿哲家后人担任宣慰使。

元王朝天下只坐了九十八年，
朱元璋的兵马就把他们赶回了草原。

中华大地换上大明朝的龙头旗帜，
阿哲家的兹摩又一次归顺大明。

阿哲家当时的首领名叫陇赞霭翠，
陇赞霭翠是奢节夫人的第五代玄孙。
奢节兵败被杀在阿哲家心中留有阴影，
他们盼望着元王朝的江山早日崩溃。

当朱元璋的兵马第一次来到水西，
陇赞霭翠便率领部属向大明王朝归顺。
朱元璋依照汉唐宋元历朝旧制，
敕封霭翠为新的贵州宣慰使。

霭翠尽心尽力治理着水西江山，
奢香夫人是他贤淑能干的左膀右臂。
奢香夫人来自四川永宁的扯勒[①]家族，
扯勒家族也是历代王朝分封的土司宣慰使之一。

扯勒家与阿哲家是历代姻亲，
土司家开亲戚讲究门当户对。
奢香她从小熟读汉史彝书，
聪慧的奢香自幼懂得了许多汉礼彝规。

奢香她十四岁嫁到阿哲家，
两年后就协助霭翠管理水西行政。
她精明能干把政务打理得头头是道，

---

① 扯勒，在今天的四川永宁一带，是彝族过去的土司政权之一。

她一言九鼎的威望在水西节节攀升。

人生在世有富贵贫贱之分，
不同的人生也有着不同的命运。
就好比那能做栋梁的参天大树，
就比那不堪重用的杂木要早受斧斤。

精明强干的奢香夫人年方二十七岁，
年富力强的水西主陇赞霭翠却生了重病。
千里彝山的名医用尽了天下良药，
水西的布摩念尽了解冤孽的所有经文。

水西的天地一天比一天昏黑，
霭翠的病情一夜比一夜沉重。
年轻的奢香想尽法子流尽眼泪，
陇赞霭翠还是闭上眼睛撒手人寰。

呼天天不应，唤地地不灵，
水西的世界好比地裂山崩。
阿哲家失去了精明强干的兹摩，
年轻的奢香失去了仁慈贤惠的夫君。

今年的桃花谢了明年还开，
今年的燕子去了明年再来。
陇赞霭翠他人死不能复生，
奢香孤儿寡母的日子实在难挨。

水西把霭翠去世的消息上报朝廷，

朝廷派二品大员前来慰问。
依照阿哲家首领的世袭顺序，
奢香的儿子霭翠陇弟将继承贵州宣慰使。

只叹那霭翠陇弟年纪只有六岁，
懂不了什么安民理政。
儿子的担子压到母亲身上，
二十七岁的奢香夫人被任命为代理宣慰使。

孀居的奢香接掌了贵州宣慰使的大印，
第一件大事就是把水西的管理体制理顺。
水西的地盘相当于今天毕节和六盘水的大部县区，
其影响还直达修文清镇的“水外六目”地。

奢香重新划分了水西的十三个则溪，
每个则溪的地盘相当于今天一个小的县份。
彝语称奢香这贵州宣慰使为兹摩，
兹摩的权力由朝廷赠予。

十三则溪首领的官名叫作“穆魁”，
穆魁的职务由阿哲家的直系宗亲担任。
穆魁的权力由兹摩授予，
他们在属地里上马管军、下马管民。

则溪的下面又有四十八目（部），
每目的地盘大于一个大的乡镇。
土目的首领被称为“穆濯”，
穆濯的首领也是阿哲家的旁系宗亲。

四十八目之下是一百二十个“骂裔”，
骂裔的地盘相当于一个小的乡镇。
骂裔的首领名叫“濯苴”，
任濯苴的也多半是阿哲家的宗亲。

骂裔之下有一千二百个“夜所”，
夜所的地盘相当于今天的大寨。
夜所的首领被称为“奕续”，
奕续管理着夜所里的所有百姓。

有了这一套从上至下的管理机制，
年轻的奢香在水西做到了一言九鼎。
奢香当政后走遍了四十八目的骂裔夜所，
水西的大小事务很快了然于心。

奢香执政后的第二件大事是推广彝族文字，
让神秘的彝文古字能发挥更大作用。
奢香还从外地引进汉学先生，
让他们到水西教授四书五经。

水西的主要民族是彝族，
水西彝族的先辈来自金沙江流域。
滚滚的金沙江是彝族的母亲河，
高高的乌蒙山是彝家的魂归处。

水西的地盘有方圆几万平方千米，
水西的彝族有几十万户。
阿哲家世代是水西彝族的兹摩宣慰使，

但阿哲家的子孙并不是水西彝族的全部。

彝族的图腾崇拜是青龙白虎，
彝族的社会交往兴的是彝家自己的礼数，
彝家婚娶要讲究三回九转，
彝家的丧事要请布摩为亡人招魂指路。

彝家人有彝家古老的文字，
彝家人有彝家古老的经书。
彝家的文字和经书原来只由布摩掌握，
古老的文字过去官员百姓不能识读。

布摩在阿哲家的地位很高，
土司的官房他能随便出入。
土司家的婚丧嫁娶由他负责操办，
土司家的大小历史由他负责记录。

土司的重大决策要听取布摩意见，
土司家的预兆吉凶要由布摩占卜。
布摩的权力越来越大，
征战杀伐的大事有时也能做主。

奢香对彝文只有布摩才懂的情况极不满意，
当政后下令所有官员都要学会彝字汉书。
布摩的记录要送土司和土目阅审，
穆魁和土目不能在彝文上糊里糊涂。

奢香还有意识地扩大了布摩队伍，

则溪土目和骂裔都有专门布摩。
熟读彝文的人员越来越多，
古老的彝文不再只有布摩识读。

飞得再高的雄鹰也要在矮树上歇足，
官再大的宣慰使也要靠下级扶助。
奢香还任用别族奕续管理自己的寨子，
各族百姓在水西的土地上和睦相处。

水西的地盘上除了彝族还有其他民族，
各个民族都有自己的习惯和礼数。
彝语中的洛博果仲是今天的黔西一带，
黔西坝子里布依族有一千多户。

彝族古书中称布依族为“撒吐普”，
撒吐普家种的庄稼是水田稻谷。
撒吐普家的房子用石片盖顶，
撒吐普的寨子建在河边沟坎之处。

大方织金一带有蔡家人六百余家，
“阿武那”是彝族对蔡家人的称呼。
蔡家人喜欢的是纺纱织布，
石木二匠的手艺也很突出。

毕节纳雍的地盘上有回族六百多户，
彝文称回族为“撒那普”。
撒那普人家喜欢做生意买卖，
撒那普人家懂得朝廷的很多礼数。

大方金沙一带有九百九十九户仡佬族，
仡佬族也是水西最早的土著。
古彝文把仡佬族称为“濮民”，
称他们最早与彝族一起开疆拓土。

水西地区住得最多的还是苗族，
十三则溪四十八目都有苗族居住。
彝族人称苗族为“玛哄普”，
玛哄普人家大多在高山居住。

玛哄普称自己是蚩尤的后代，
他们的寨子里供着一面牛皮大鼓。
只要寨子里的鼓声响起，
周围的人们就会赶来相助。

水西的山水都是阿哲家的领土，
所有的百姓都要向土目家纳赋交租。
水西的一个寨子就是一个夜所，
寨子的头领就是夜所的奕续。

夜所的奕续原本由土目派彝族人来担任，
派到其他少数民族村寨的奕续往往不服水土。
他们不通苗布仡回各族的民族语言，
他们不熟苗布仡回各族百姓的规矩礼数。

语言不通就难免沟通不畅，
沟通不畅就难以和睦相处。
奢香执政后做了重大改革，

其他少数民族村寨的奕续就由其族人做。

奢香的举措感动了水西的其他少数民族，
他们称赞阿哲家有了一位开明的兹摩。
水西的各族百姓更加团结和睦，
奢香的声望达到前所未有的高度。

鲜花开得再好也有人不去羡慕，
米酒做得再甜也有客不去惠顾。
水西治理得再好也有人不服，
奢香的政绩引来一位明朝官员的嫉妒。

嫉妒奢香的官员名叫马烨，
马烨的职务是明朝的贵州都督。
当时的贵州尚未正式建省，
马烨的辖区只是贵阳附近的几个州府。

奢香的官名叫贵州宣慰使，
她的官阶只略低于贵州都督。
但马烨都督还是个皇亲国戚，
明朝皇帝朱元璋是马烨的姑父。

依仗着皇亲国戚这层关系，
马烨对同级官员大都不屑一顾。
他认为奢香这土司不过是个年轻寡妇，
凭什么要去管理上万平方千米的皇天后土。

马烨对朝廷的治边方略无法理解，

想不通为何要保留那些土司土目。
他只想找机会扫平这些世袭土官，
把那水西的宣慰则溪都改为朝廷的州府。

那是在一个山雨欲来的阴沉下午，
马烨的信史来到了水西的宣慰府。
信史传达了马烨下达的指令，
要奢香三天内赶到贵阳听候吩咐。

水西距贵阳足足二百五十千米，
翻山越岭全是狭窄小路。
一般商人要七天才能赶到贵阳，
三天期限分明是为难水西女主。

奢香选择了几匹最能跑的快马，
带上几名最忠心的水西部属，
快马加鞭足足赶了三天两夜，
风尘仆仆赶到了马烨的都督将府。

奢香的赶到让马烨有些意外，
但他却不向奢香道一声辛苦，
而是大骂奢香耽误了半天时间，
说她分明是看不起贵州都督。

他说本都督身为二品武官，
所发的信件都是军中文书，
晚到半天就是对军中有令不行，
违反军令就要受到相应的惩处。

奢香反复向马烨说明山高路远详情，
奢香委屈地请求马都督对她宽恕。
马烨本来就是想无事找事激怒奢香，
哪里肯听几句软话就把她饶恕。

他喝令兵丁把奢香绑在辕门，
命令兵士脱去奢香的官服。
奢香本是号令一方的彝族兹摩，
她哪里受过这般奇耻大辱。

马烨如此对待低于他官职的官员，
既不符世故人情更不合朝廷法度。
马烨下令打了奢香四十军棍，
直把奢香打得背部开花血肉模糊。

打完奢香马烨又发下狠话，
叫她回水西带话给彝家四十八目，
要报仇就尽管起兵造反，
马烨的队伍从来就不吃素。

奢香被辱的消息传到水西，
滔天的愤怒传遍彝山四十八目，
阿哲家从来是吃钢吞铁的血性主子，
怎会怕马烨一个二品都督。

奢香的心中也充满滔天愤怒，
恨不得率兵踏破马烨的都督衙署，
但当她回过头来冷静分析眼下局势，

便决定用另一种方式去报仇雪辱。

奢香怀着悲壮的心情回到水西，
约见了十三则溪穆魁和四十八目土目。
她决定不用以暴制暴对付马烨，
为的是水西百姓不受兵灾仇杀之苦。

她要把马烨的胡作非为写成奏本，
上京城向大明皇帝陈情申诉。
她坚信马烨的做法纯属个人行为，
带兵都督代表不了大明皇帝的治国态度。

奢香的奏本送到皇帝手中，
朱元璋看完后不由得勃然大怒，
以夷制夷是他治理夷区的基本方略，
愚蠢的马烨扰乱了他的决策部署。

朱元璋在皇宫中接见了奢香，
让她把受马烨鞭笞的经过从头陈述。
告知他已决定将马烨革职论罪，
要奢香回去后安抚好水西各部。

皇帝还说普天之下莫非王土，
贵州的宣慰使也归朝廷统属，
水西的百姓也是大明的百姓，
宣慰土司要真心为他们解除疾苦。

皇帝的话语为奢香执政敲了响鼓，

像阵阵春风吹进了她的心灵深处。
大明的皇帝如此关心水西百姓，
阿哲家的土司不能把皇恩辜负。

奢香大胆地把自己的计划告诉皇上，
说交通不便是水西最大的民生疾苦。
从水西到贵阳快马也要五天，
百姓的货物无法尽快卖往他处。

她回去要修几条通往外地的好路，
方便外地的客商和水西的百姓自由出入，
让水西的百姓能买到便宜的布匹盐巴，
让水西的大地享受到皇恩的阳光雨露。

她还要从外地请来汉家先生，
让水西的官员学习汉家的诗书礼数。
奢香的打算让朱元璋连连称赞，
他十分欣赏这彝家土司的胸襟气度。

皇帝把奢香的官阶从四品升为三品，
让她的地位高于其他土司和朝廷的知府。
朱元璋还赏给奢香白银万两，
资助她带回水西好好造桥修路。

奢香带着朝廷的重托回到水西，
她把皇帝的旨意传遍四十八目。
水西的各部同心协力奋斗了三个春秋，
修成了水西通往外地的几条大路。

这几条大路设有九个驿站，
可供来往的客商和进出水西的官员住宿。
这条大路被称为“龙场九驿”，
它成了水西连接外地的交通中枢。

奢香带着成功的喜悦上京朝贡，
向大明皇帝上贡了水西的山珍宝物。
她还有一事得到皇帝恩准，
奢香把儿子送到皇家国子监里读书。

奢香的儿子名叫霭翠陇弟，
霭翠陇弟是未来的贵州宣慰使。
陇弟在太学读了三年汉家的四书五经，
学到了不少为官掌权的习俗礼数。

毕业时朱皇帝专门在宫中接见陇弟，
让礼部尚书把陇弟的学习仔细考问。
陇弟对朝廷的礼仪对答如流，
朱皇帝高兴得当场为他赐了汉名汉姓。

皇帝赐霭翠陇弟的汉姓为安名字为的，
告诉他要维护好水西江山的繁荣安定。
奢香让儿子把皇帝的话语铭记心中，
安氏从此成为阿哲家的世代汉姓。

彝家过去的姓氏是父子联名，
父名后面的两字是儿名前面的两字。
汉家的姓氏是世代传承一姓，

姓氏之外便是儿孙各自之名。

奢香在水西执掌权力七年整，
彝改汉姓的习俗在水西普遍流行。
百姓人家也大多改用汉族姓氏，
祖上的彝姓只在家谱中各自留存。

彝改汉姓能在水西普遍流行，
说明了水西开始向中原文化靠近。
上层人士普遍熟读汉家的四书五经，
有识之士开始参加考取朝廷的科举功名。

彝汉文化的交融为水西注入活力，
阿哲家族在明代焕发了新的青春。
奢香三十四岁不幸因病去世，
明朝皇帝谥封她为顺德夫人。

奢香的儿子安的正式接任贵州宣慰使，
奢香的精神在水西世代传承。
安氏家族在明清两朝继续执掌水西，
有几位宣慰使在贵州的历史上格外有名。

安贵荣是阿哲家族的七十四代兹摩，
他与一代大儒王阳明的友情感人至深。
王阳明原是朝廷中兵部主事，
因得罪权宦被贬为修文驿臣。

修文是水西通往贵阳的必经之路，

龙场驿是九个驿站中的一处。
王阳明贬官为龙场驿的驿臣，
职务从六品京官变成地方的“等外干部”。

贵州的高官们都不敢与他往来，
只怕与王阳明交往会影响自己的仕途。
只有安贵荣宣慰使十分敬重王阳明的人品学问，
几次带上礼物去把这位逐臣真心安抚。

安贵荣请王阳明为水西的像祠撰写序文，
还请王阳明到水西讲授儒家诗书。
安贵荣每遇疑难便去向王阳明求教，
请他为自己指点迷津、指明出路。

安贵荣协助朝廷带兵平叛立下大功，
又对朝廷不升他的官品心生怨怒。
安贵荣把心中的不满向好友倾诉，
王阳明的一封书信让他心服口服：
贵荣你既为朝廷任命的贵州宣慰使，
带兵平叛是你应尽的职责所属。
况且你阿哲家在水西世代为官，
居功自傲会让朝臣对你心生嫉妒。
你现在已是官居三品的贵州宣慰使，
再升职级就只能调任别处，
你一旦变成朝廷的二品大员，
阿哲家的世袭宣慰也就到此止步。

安贵荣读信后出了一身冷汗，

王阳明的开导让他心中顿时大悟。
如果他居功自傲去求升官发财，
岂不害了自己和传承千年的阿哲家族。

王阳明在龙场创立了知行合一学说，
安贵荣与他的交往促进了文化的交流。
王阳明后来又受到朝廷重新重用，
官位升至手握实权的兵部尚书。

王阳明的学说影响了一代又一代学人，
他在水西教授过彝家弟子诗词歌赋。
安贵荣的子孙又承袭贵州宣慰使，
诗书传家被写进水西的安氏家谱。

阿哲家宣慰爱读汉家的四书五经，
水西的彝家也喜爱习武练兵。
安疆臣是阿哲家第七十九代贵州宣慰使，
他为明朝平定播州之乱立下汗马功勋。

古时的播州就是今天的遵义，
杨氏家族统领播州长达七百多个春秋。
杨氏的远祖曾是唐宋时的功臣宿将，
世袭播州是朝廷对他家的恩赐封赠。

山上的树木从来良莠不齐，
忠良的后代也会有善恶之分。
杨应龙是播州杨家的第二十七代土司，
他却在播州领地下欺百姓上抗朝廷。

杨应龙在酒后杀死自己妻子和岳母，
岳父把他的罪行如实上告朝廷。
杨应龙不仅不愿承担相应的法律责任，
反而在播州起兵叛乱四处放火杀人。

杨家的祖上曾是唐宋元明几朝将军，
杨家的土司历来注重习武练兵。
杨应龙的反叛犹如燎原大火，
两月间就从播州烧到重庆。

明王朝从八省征调二十万平叛大军，
二十万大军皆由都御史李化龙统领。
杨应龙以为李御史只是个书生文人，
谁知他却是个熟悉兵书战策的能人。

李化龙率领二十万大军稳扎稳打，
杨应龙几次大败后退到播州海龙囤。
海龙囤是杨氏土司的坚强堡垒，
历代土司都在海龙囤上苦心经营。

海龙囤的四面是悬崖峭壁，
海龙囤的上面可住十万雄兵。
通往山上的险道一夫当关万夫莫开，
李化龙的兵马围了俩月寸步难行。

贵州巡抚郭子章出了一个主意，
他愿调水西的彝兵前来助阵。
水西的彝兵善于攀登悬崖峭壁，

攀上海龙囤他们就能出奇制胜。

李化龙当即同意了郭子章的建议，
发令让安疆臣带领两万彝兵前来助阵。
安疆臣不想参与大明朝廷与杨氏土司之争，
他弟弟安尧臣一番话把他从梦中点醒。

阿哲家的土司本是朝廷任命的贵州宣慰使，
不服从李化龙的命令就是抗旨不遵。
抗旨不遵就要被朝廷剿灭，
杨氏土司的今天就是阿哲家明天的命运。

安疆臣权衡后点起两万彝兵，
按李化龙命令向海龙囤开进。
到海龙囤后正逢弥天大雾，
李化龙让三千彝兵乘雾向山顶攀登。

彝兵登上山顶后迅速占领上关隘，
放火号令明军向杨家大营攻进。
三千彝兵果然不负重托，
趁大雾一举登上海龙囤的险隘山顶。

彝兵在山顶放火为号吹响牛角，
李化龙指挥大军攻破了海龙囤大营。
杨家的骄兵悍将顿时全部溃败，
杨应龙在海龙囤上战败被擒。

杨应龙得知攀登绝壁的是水西兵马，

被斩前不由得仰天长叹诉说遗恨：
想不到我播州杨家的七百年江山，
最终打败我的居然是那水西彝人。
你安氏与我杨家同为边地土司，
你为何要与我杨家鹬蚌相争。
杨家的今天就是你安家的明天，
你不要说什么建下多少功勋。

杨应龙的遗言传到水西，
安疆臣听到后默不作声。
他谢绝了朝廷给他的加官进爵，
只在水西把他的地盘谨慎经营。

安疆臣在播州平叛立下盖世功勋，
阿哲家的势力也达到了一时极盛。
朝廷把播州的水临和天旺两地还给水西，
阿哲家派宗亲土目前去统领。

物极必反是自然界发展的普遍规律，
人类社会的发展与这规律也很相应。
安疆臣去世后安尧臣接任贵州宣慰使，
阿哲家的江山在安尧臣儿子手里走向末日黄昏。

安尧臣去世后他儿子安位做了贵州宣慰使，
安位的副手安邦彦却在天启年间起兵反明。
安邦彦的造反说来也是被逼无奈，
但结果却是差点毁掉了阿哲家的千年根基。

天启年号的熹宗是明朝的第十五任皇帝，
这位皇帝不喜欢治国理政而酷爱木匠手艺。
皇子的命运由不得他们自己做主，
老皇帝把不爱江山爱木工的他推上龙椅。

他一坐上皇帝龙椅就头昏脑胀，
他一拿起木匠工具就百般欢喜。
他不愿上朝听取大臣们的文书奏本，
朝中大事全由宦官魏忠贤去帮助打理。

魏忠贤目不识丁不懂治国之理，
他当权后把朝政搞得乌烟瘴气。
大明的江山被他弄得岌岌可危，
大明的国库被他搞得一贫如洗。

为了与北方的满族人争夺东北边关，
明朝从永宁土司奢崇明处征调三万彝兵。
三万彝兵按照诏令去到重庆，
明朝的将军却不发给彝兵半两饷银。

彝兵的统领向将军请求发给粮饷，
四川总督却把他们暴打一顿。
说什么彝族统领好酒贪杯不堪重任，
道什么奢家彝兵老弱病残难经战阵。

奢崇明听后怒从心起，
一挥刀就斩杀了总督派来的监军。
三万彝兵揭竿而起群情激昂，

奢崇明亮出自己的旗号起兵反明。

阿哲家与永宁土司是世代姻亲，
奢崇明与安邦彦是姑表之亲。
明朝对造反者要株连九族，
奢崇明造反安邦彦也难逃被株连的命运。

与其等人株连不如死里求生，
安邦彦便打出旗号与奢氏共同反明。
奢安的战乱足足打了八年，
明朝的兵马才把这场战乱扫平。

奢崇明在四川战死沙场，
安邦彦在贵州饮恨牺牲。
贵州巡抚上报朝廷后接受水西主安位投降，
阿哲家的江山又一次死里逃生。

明王朝仍叫阿哲安氏担任土司宣慰使，
但权力已与原来的贵州宣慰使不再相称。
贵州宣慰使的名号改为水西宣慰使，
宣慰使的地盘已仅限于水西。

阿哲家的地盘从此不出水西，
水外六目的江山由朝廷直接管理。
安位去世后由安承宗接任水西宣慰使，
他整日为水西的衰退唉声叹气。

安承宗有个优秀的儿子名叫安坤，

安坤的继位让水西充满蓬勃朝气。
安坤当政不久便遇明朝走向灭亡，
阿哲家及时归顺大清实现新的顺天承运。

安坤遇上了阴险残暴的平西王吴三桂，
安坤与吴三桂的恩怨情仇一直传到如今。
他们二人才是本书的真正主角，
他们的故事待作者从头述明。

二、安坤其人其事

再美的鲜花也有凋谢的时候，
再甜的蜜糖也有味淡的时候，
再强的英雄也有末路的时候，
再稳的江山也有衰败的时候。

安坤是阿哲家的第八十四代兹摩，
他执政时期正是水西的多事之秋。
他的传奇故事要用车装船载，
最早的故事发生在他出生的时候。

那是龙年龙月龙日的午夜三更，
安承宗进入一个甜蜜的梦境。
他梦见有一条黄色的五爪金龙，
飞入了水西宣慰府的九重衙门。

金龙在他的衙门里转了一圈，
进入了土司朝堂的三足铜鼎。
当老土司惊异地从梦中醒来，
阵阵鸡鸣已唤来了古镇的黎明。

安承宗唤来他最信任的两个布摩，

向他们讲述了昨夜的那场梦境。
老宣慰还带他们来到办公厅堂，
让他们看看那梦里金龙落脚的铜鼎。

看罢铜鼎他们大吃一惊，
那千年的古鼎仿佛已有灵性。
古鼎在大堂里轻轻震动，
震动中似乎有阵阵龙吟。

安承宗宣慰使和布摩都惊诧莫名，
宣慰使要布摩快把吉凶判定。
老布摩翻开彝书仔细推算，
又打草卦[①]请祖宗保佑儿孙。

翻书打卦都事事顺心祥瑞，
老布摩向宣慰使把喜事禀明。
彝书神卦都有一个吉祥预兆，
阿哲兹摩家的大业后继有人。

安承宗宣慰使听了万般高兴，
衰老的脸上飞起几朵祥云。
老土司他已经年近半百，
但膝下却还只有五个千金。

五个千金虽然个个如花似玉，
但土司的江山很难让女子继承。

① 草卦，彝家占卜吉凶的一种形式。

如果他安承宗能老来得子，
他将杀牛宰羊祭祀祖宗神灵。

真的是有祖宗神灵暗中保佑，
安承宗夫人果然身怀有孕。
夫人她辛辛苦苦怀胎十月，
阿哲家贵人降生在九重衙门。

安承宗爱子在辰时来到世上，
阿哲家神树上飞来白鹤一群。
安宣慰喜上眉梢笑得合不拢嘴，
请布摩按爱子生辰八字惠赐嘉名。

老布摩把少爷的八字算了又算，
把少爷的汉名取定叫作安坤。
他说小少爷八字生得大吉大利，
长大后定能重振阿哲家社稷乾坤。

安宣慰把爱子抱在怀里看了又看，
越看越觉得儿子的样子实在可爱。
弯弯的眉毛好似初升的月亮，
小小的双眼好似天边的新星。

安坤他转眼间长到一个周岁，
老宣慰为他举办抓周仪式。
抓周是彝山祖辈传下的规矩，
从孩子抓到的礼物判定他一生的秉性。

土司家的抓周与百姓人家大不相同，
桌子上摆的是笔墨书卷财宝金银。
奇珍异宝之外是几把剑戟雕弓，
雕弓边配的是胭脂水粉和一颗金印。

满周岁的安坤被带到抓周桌前，
老宣慰在心里暗暗祈祷祖宗神灵。
盼只盼儿子不要去抓那金银财宝，
贪财的主子难以把土司的江山坐稳。

他最怕的是儿子去抓那些胭脂水粉，
好色的主子也难把水西的大业继承。
他只盼儿子去抓那笔墨书卷刀枪剑戟，
能文能武的主子才是阿哲家的宣慰掌门。

安坤的抓周让在座的三亲六戚大吃一惊，
他那小手先抓的居然是那颗土司大印。
祝福的话语从布摩的彝话中传来，
阿哲家要在少爷的手里重启万里鹏程。

三亲六戚听到后个个欣喜万分，
安承宗在府中大摆宴席宴请宗亲。
宴席上觥筹交错整夜笙歌不断，
水西之地也莺歌燕舞吉祥欢庆。

老宣慰把全部希望寄予爱子安坤，
安坤在阿哲家的期盼中长大成人。
他从七岁开始进入学校读书学习，

在习文练武中足足磨炼了十个春秋。

他悟透了传承千年的百部彝家经典，
他读遍了唐宋元明以来的汉家诗文。
他比一般的布摩还要熟悉彝书，
他比中过举人的鸿儒更会写诗作文。

他挥刀能猎杀凶猛的豺狼虎豹，
他开弓能射落高天的鹞子飞鹰。
他十八岁那年做了一件惊天大事，
千里彝山到处传遍了他的美名。

那是一个秋凉刚刚落脚的落日黄昏，
宣慰府跑来一个惊慌失措的彝族老人。
老人说他到老龙潭边去牧羊放马，
龙潭里的恶龙把他的好马活活生吞。

老龙潭是他们那一带的饮用水源，
几个寨子的人们全靠那个龙潭井水生存。
如果让那能生吞活马的恶龙霸占水井，
这好比活活要了几寨人的老命。

老宣慰安承宗听了十分吃惊，
只怕这恶龙要倒了阿哲家的官运。
老龙潭前面的坝子叫鸦洛田坝，
阿哲家的贡米全靠鸦洛田坝供应。

老龙潭是鸦洛田坝的优质水源，

天干三年潭水也不会下降半分。
要是老龙潭真有恶龙作乱，
宣慰府的大米就会断了供应。

老宣慰从府中点了三百精兵，
这些兵丁由已长大的少主安坤带领。
他告诫安坤去老龙潭后先焚香祷告，
切不可对那恶龙妄动弓弩刀兵。

安坤上马之前向老父亲立下保证，
绝不会让那恶龙在老龙潭盘踞害人。
他说罢带领兵丁誓师出发，
一条妙计已在他心中自然形成。

安坤带着兵丁来到鸦洛田坝，
向寨子里见过恶龙的百姓把详情询问。
他怀疑这会吃牛马的怪兽不是什么恶龙，
而是老龙潭暗河里窜出的鳄鱼精灵。

几天的调查使他坚定了信心，
他让寨里的百姓准备了山羊一群，
他让百姓把羊群撵到龙潭边吃草饮水，
看潭里的“老龙”到底会有什么反应。

当那群山羊刚到潭边喝水，
龙潭里顿时涌起波涛一阵，
惊慌的羊群扭头就跑，
一只老羊落入那恶龙的大口血盆。

在场的百姓和兵丁心惊胆战，
都说这恶龙分明是恶鬼化身。
只怕这鸦洛田坝将要荒废，
百姓们要远避他乡各自谋生。

安坤用好言安抚了兵丁和百姓，
把一条妙计向大家详细说明。
他叫百姓宰了两头肥羊，
用两条尖锐的铁钩穿透了肥羊肉身。

待到第二天暮色来临，
安坤把系着长绳的羊肉向龙潭投进。
兵丁和百姓们等了半个时辰，
龙潭里传来恶龙的挣扎之声。

兵丁们把上了钓钩的恶龙拉上岸边，
才看清这能吃马吞羊家伙的真实面容。
这家伙原来并非什么恶龙神，
而是一条长达两米的鳄鱼。

安坤再用计策把老龙潭鳄鱼一举扫尽，
千里彝山传遍他能屠龙伏虎的传奇名声。
他的故事传到千里之外的乌蒙彝区，
他的形象进入了乌蒙家小姐的青春梦境。

三、安坤与禄氏夫人

乌蒙家住在乌蒙山麓彝区中心，
乌蒙家族在千里彝山也赫赫有名。
乌蒙家领地有方圆四百余平方千米，
九百多个寨子的百姓都是乌蒙家的属民。

乌蒙家有个美如天仙的土司小姐，
禄阿香便是小姐的汉姓芳名。
她的脸庞就像天边十五的月亮，
她的歌声就好比春日山间的黄莺之声。

禄阿香小姐她芳龄已过十六岁，
她的美名醉倒了多少土司家的公子王孙。
好多个公子不远千里去向小姐求爱，
好多家土司马驮金银去乌蒙家求开姻亲。

禄阿香亲自出题把他们来考，
没有一个王孙公子能让她满意称心。
公子们骑着快马兴高采烈去求爱，
王孙们带着礼品灰头土脸转回程。

安坤屠龙的故事传到乌蒙家寨子里，

禄阿香叫老父亲派人千里带信到水西。
要阿哲家少爷准备好三样传家宝，
带着宝物到她家去求兹摩开新亲。

一要水西家三斤重的夜明珠，
二要水西家一石二斗瓜子金。
三要水西家天上的雁鹅蛋一对，
四要水西家千年的老山参一根，

信使传完话打马回程，
阿哲家上下听后大吃一惊。
阿哲家哪来三斤重的夜明珠？
安坤家哪来一石二斗瓜子金？

安坤把信史的话语想了又想，
一个主意在他心里悄然打定。
他让父母不必操心瓜子金和夜明珠，
他自有办法去乌蒙家求开新亲。

他要布摩准备彝家经书五十部，
他要军师准备汉家诗书三百本。
他叫管家找三斤重的乌洋芋十五个，
外加千年的老山参一大根。

各样礼物准备好，
安坤启程去求亲。
随行兵丁五十个，
马驮银子三百斤。

乌蒙家离水西几百千米，
安坤的队伍骑着快马赶路程。
快马走三天才来到乌撒之地野马川，
野马川离乌蒙地盘逐渐近。

野马川前面有条六曲河，
一座三孔石桥在河上横。
安坤他扬鞭催马欲过桥，
忽听得一阵吼声似雷鸣。

安坤他勒住宝马抬眼望，
桥上有头人熊发吼声。
人熊头大如小斗，
两只眼睛似铜铃。

相传这人熊常现六曲河，
吓退过多少公子与王孙。
公子王孙要去乌蒙家，
马驮金银去求亲。

一遇人熊吓破胆，
鞭打快马转回程。
从此不敢去乌蒙，
只怕三魂少二魂。

安坤他不是胆小的富家子，
安坤他不是怕事的穷书生。
他是水西家屠龙伏虎的少主子，

岂能怕那人熊半毫分。

安坤的宝马没后退，
扬鬃奋蹄更发威。
安坤他取出射虎弩，
张弩要取人熊命。

忽闻人熊说人话：
少主切莫伤我身，
我不是山中熊婆子，
我是乌蒙家中管事人。
乌蒙家小姐让我披熊皮，
来考求亲人儿的胆量有几分。
我考了公子王孙十二个，
你是过关的第一人。

管事说罢脱了熊婆皮，
分明是个中年人。
一声呼哨唤宝马，
他愿领少主去求亲。

马队翻过九十九层坡，
天边飞过九十九朵云。
安坤他们来到莫作底，
少主他来到莫作底村。

马队正要翻过岭，
刺巴林里钻出人一群。

众人披襟又挂绺，
横眉竖眼把刀横。

安坤他碰上“棒老二”，
安坤他拔剑就要杀贼人。
贼人跪地成两排，
请求少主饶性命。

贼人详细说原因，
安坤越听越同情。
这地方原本牛羊肥，
莫作底本是富裕村。

谁知天公不开眼，
偏偏作弄这方人。
天干三年不下雨，
草木枯死牛羊瘟。

莫作底村遭了难，
树根草皮都吃尽。
老人娃儿全饿死，
青壮变成贼盗人。

听得贼人一席话，
安坤动了恻隐心。
取出纹银五百两，
叫他们拿去救全村人。

一半买种子买荞麦，
确保今年不死人。
一半拿去买耕牛，
明年下雨好春耕。

散罢银两要离去，
贼头忽然说开声。
我们不是“棒老二”，
而是乌蒙家派的迎客人。

莫作底村里未天干，
莫作底村里未死人。
我们说的一番话，
是要考少主有无善良心。

我们不要少主的大银两，
我家小姐考的是少主的真性情。
你的考核已通过，
我们随少主去求亲。

求亲的队伍来到乌蒙山，
乌蒙家寨子已焕然一新。
寨子里扎的吉祥彩门有三道，
分别叫作金门、铜门与银门。

每道彩门都有姑娘敬拦路酒，
每个路口都有歌师盘歌问亲。
多才的安坤经过三门歌师盘问，

求亲的队伍来到乌蒙家正大厅。

大厅里坐的都是乌蒙家三亲六戚，
主桌上坐的更是乌蒙家各部首领。
他们要看阿哲家求亲带来什么宝物，
更要看水西家少主是个什么性情。

安坤家布摩刚摆完求亲几礼信，
乌蒙家兹摩的脸上飞出一片黑云：
说一声你阿哲家实在太欺人，
你家求亲带的都是些什么礼品？
叫你家送颗三斤重的夜明珠，
你拿三斤重的乌洋芋作替代品。
叫你家送一石二斗瓜子金，
你家送来彝汉诗书一百二十本。
只有那根千年野山参像点好礼数，
还不知他的年轮是假还是真。
你阿哲家是不是想家大业大欺我家，
你安坤要把这道理来讲清！
说得清道理就放你们滚回去，
说不清道理你们就要丢性命。
乌蒙家从来不受人欺负，
你阿哲家不要从门缝里面看扁人。

乌蒙家兹摩一席话，
阿哲家布摩听得心中惊，
只怕阿哲家少主惹了祸，
两家人的冤家要打成。

只有那安坤稳如泰山心平静，
满脸带笑详细说原因：
阿哲家不敢故意戏弄乌蒙家，
安坤我是真心来求亲。
乌蒙家小姐不是平凡辈，
不能用金银财宝来取芳心。
我家送的洋芋不是平常物，
它的良种是大清朝皇帝派人赠。
水西家种此乌洋芋，
亩产足足六千斤。
乌蒙家地盘四百余平方千米，
种洋芋能富这方人。
乌蒙家与水西开了亲，
你家种洋芋我供应。
夜明珠有价情无价，
让百姓富的兹摩才是贤明君。
我家送的彝汉诗书一百二十部，
更胜过那一石二斗瓜子金。
乌蒙家小姐爱诗书，
书中一言值千金。
我家送的千年老山参，
他来自大清王朝东北郡。
山参是皇家御用品，
能延年益寿救世人。

安坤他说完这番话，
大厅中飘来吉祥云。
一阵琴声悠然起，

乌蒙家小姐现了声。

小姐容貌胜天仙，
嫦娥比她差三分。
禄阿香开口说了话，
她为这亲事一锤定了音。

她说：来求亲的公子王孙几十个，
我唯有对阿哲家少爷最倾心。
我连出几道难题让他考，
他道道难题解得清。
他遇到人熊之时身不退，
他遇到穷苦人时有善心。
他不送珍珠送洋芋，
他心里装着一方人。
他不送金银送诗书，
他送给我的是一片心。
这样的好人我不嫁，
岂不是白来人间走一程。

禄阿香小姐一席话，
乌蒙家兹摩脸上阴转晴。
他说阿哲家少爷是硬汉子，
乌蒙家要开这门亲。

乌蒙家兹摩吩咐老布摩，
叫他翻书卜卦看良辰。
老布摩翻开彝书细推算，

说明天就是吉日天降紫微星。

乌蒙家开亲最信命，
次日吉时就要办大婚。
乌蒙家开了新亲戚，
阿哲家安坤从此有了禄夫人。

安坤他带着夫人来到水西地，
老宣慰使喜得满面春风笑盈盈。
老土司年事已高体力衰，
上报朝廷任命安坤为新宣慰使。

安坤当了新宣慰使，
首席助手是禄夫人。
安坤选用贤能士，
水西处处有太平。

冬来白雪铺满地，
安坤夫妇出门把诗吟。
春来百花漫山开，
安坤夫妇纵马到方家坪。

安坤他居安也思危难事，
选用贤能大将苦练兵。
禄夫人也爱读兵书，
天下大事看得清。

人间有喜就有悲，

安坤家几年后就倒运。

先是老土司一命归西去，

后是明朝江山变大清。

四、明朝的垮台与吴三桂其人

在安承宗去世后的第三个清明，
安坤率领阿哲家宗亲去给老宣慰使上坟。
两只鬼登哥在坟前的大树上绕了三圈，
又朝着上坟的队伍连连叫了几声。

鬼登哥的学名就叫作猫头鹰，
这大鸟在彝家传说里是不吉利的象征。
猫头鹰清明节到安承宗的坟头叫唤，
只怕是老宣慰使向儿孙传递不吉利的凶信。

安坤宣慰使召来了府中的资深布摩，
布摩翻开彝书仔细推算是何原因。
布摩用彝书《土鲁窦吉》[①]精推细算，
半晌后他的脸上布满愁云。

他说不吉利的事情将发生在北方，
水西家依靠的大树可能要翻根。
但这要翻根的大树到底是哪一棵，
《土鲁窦吉》的卦象上一时难以言明。

---

① 《土鲁窦吉》，彝族推算吉凶的天文历法书。

安坤对布摩的推算半疑半信，
安坤的心中也感到闷闷沉沉。
两月后果然收到来自京城的凶信，
明朝这棵大树已经翻根。

明朝的皇帝对阿哲家有过皇恩，
朱元璋就封水西兹摩奢香为顺德夫人。
安坤宣慰使的官衔也由明皇帝封赠，
水西的百姓自然是明朝的臣民。

自古道覆巢之下难有完卵，
又说是城门失火会殃及池鱼。
安坤召来十三则溪的首领商议对策，
大家的意见是顺天承运归顺新君。

大明的江山也算得上树大根深，
开国皇帝朱元璋曾有过万丈豪情。
他把元王朝的铁骑赶回大漠深处，
他把洪武帝的旗号插上南京古城。

老子英雄儿孙未必就是好汉，
朱皇帝却有好多个不肖子孙。
儿孙们不是内斗就是他斗，
大明的江山曾几度漫布阴云。

朱元璋的太子朱标不幸英年早逝，
他把皇位传给朱标的儿子朱允炆。
建文帝朱允炆登基一年就天下大乱，

他叔叔朱棣便在燕山向他动起刀兵。

三年后燕王一举夺得天下，
建文帝远逃他乡下落不明。
燕王朱棣登基后改年号为永乐，
永乐帝把大明的首都从南京迁到北京。

迁都后朱棣的子孙又做了十三任皇帝，
十三个皇帝中有几个稀奇古怪的人。
明英帝朱祁镇亲征瓦剌被敌俘虏，
代理皇帝朱祁钰靠文臣于谦守住北京。

万历帝朱翊钧二十八年不上朝，
遇政事不问苍生问鬼神。
明熹宗朱由校不爱江山爱木匠，
朝中大事让宦官魏忠贤做主决定。

大明的皇帝性格如此乖张，
大明的官员也痛苦不堪。
县令的俸银低到养不活一家老小，
想制件棉衣有时还要赊账。

大明的百姓更苦不堪言，
崇祯时陕西天气一干旱就是三年。
朝廷拿不出几两救灾银子，
灾民的起义就好比星火燎原。

朱元璋的子孙如此古怪无能，

有人说是老天爷对朱元璋的报应。
朱皇帝依靠能干的部属夺得天下，
当皇帝后却不择手段大杀功臣。

三十四个开国功臣三十个被杀，
被杀的功臣还要被株连六亲。
朱元璋从心底仇官仇富仇文人，
又不得不靠文武官员帮他治国理政。

他把官员的待遇定得低了又低，
县令的俸银低到养不活老小家人。
过年时想吃顿牛肉都算赊望，
冬天里想制件寒衣也缺纹银。

明朝皇帝以为打压官员就能赢得百姓，
却不知百姓最终要的是天下太平。
大明的江山到晚年越治越乱，
造反的百姓最终要了崇祯皇帝的老命。

要了崇祯帝老命的人名叫李自成，
他原本是陕西省的一个灾民。
只因陕西连遇三年大旱，
朝廷国库空虚拨不来救灾赈银。

灾民们无路可走便揭竿起义，
李自成在战斗中成为义军首领。
崇祯帝让陕西总督率队镇压，
但总督却拿不出养兵的饷银。

李自成的队伍越来越大，
除饥民外还新添了一些落魄文人。
文人们胸有良谋为他精心谋划，
两年间居然从陕西打进北京。

崇祯帝逃不出朱家的紫禁城，
用一条白绫在景山结束了老命。
临死时他放声大哭仰天长叹，
说他无脸面到地下去见袁崇焕大人。

袁崇焕是崇祯手下的蓟辽总督，
他建议崇祯帝攘外必先安内。
他冤死前曾向崇祯提出最后一条建议，
希望从蓟辽抽一支奇兵去把李自成平定。

崇祯皇帝觉得灾民造反不足为虑，
反认为袁崇焕是私通清朝的奸臣。
他把明朝的精兵强将都部署在长城一线，
就好比那野鸡钻刺林顾头不顾腚。

死到临头他才记起袁崇焕的忠言，
眼前浮现出一幕幕旧时情景。
大清国本是大明关外的女真部落，
努尔哈赤是这个部落的强悍首领。

这个首领在明朝的衰败中强势崛起。
他统一了女真八旗，建国名叫后金。
努尔哈赤看上了明朝的万里江山，

他要率后金劲旅向大明的关内进军。

他们的进攻在锦州城下屡屡受挫，
只因他遇上明朝晚年的一个狠人。
这个狠人的名字叫作袁崇焕，
他统率着五十万大明的天下精兵。

袁崇焕本是个进士出身的书生，
最初的官阶只是个七品县令。
他一步步从县令做到兵部尚书，
后来到蓟辽前线统率抗金三军。

袁崇焕治军有方用兵有道，
在大战中一炮要了努尔哈赤的老命。
努尔哈赤的儿子皇太极在盛京登基称帝，
把后金的国号改名为“大清”。

皇太极为父报仇心切志坚，
他用离间计骗过了迂腐的明帝崇祯。
崇祯帝上当中计杀了功臣袁崇焕，
大明的江山垮了最后一道长城。

李自成打进北京逼死了崇祯皇帝，
但他并没有把自己的江山坐稳。
他在北京城里只坐了四十几天龙椅，
他建立的大顺政权就开始离析分崩。

说起李自成这昙花一现的大顺皇帝，

后世的学者对他无不感慨万分。
他打下北京后犯了太多的错误，
最大的错误是激怒了降将吴三桂总兵。

吴三桂是我们本书要写的另一主角，
这家伙是个三次背叛主子的奸臣。
他的故事我们还得从头说起，
他背叛大顺起源于一个叫陈圆圆的女人。

李自成的队伍从陕西一路打来，
他们从不靠征收赋税去保障后勤。
“闯王来了不纳粮”是他们的政治口号，
杀富救贫是他们的行动纲领。

李自成进京前本已在西安建国大顺，
北京的繁华让他又一次利令智昏。
大街上的店铺里有卖不完的绫罗绸缎，
紫禁城的宫室里有数不尽的异宝奇珍。

李自成信奉着有福同享的江湖道义，
他坐天下后不忘记家乡的远亲近邻。
他决定在北京又举行一次登基大典，
他要在北京大封一批大顺国的宿将功臣。

分封功臣要用大量白银真金，
他下令部下去勒索明朝降将旧臣。
五品以上的京官每家交付万两银子，
交不来银子便要诛灭他六戚三亲。

他原以为明朝的官吏都富得流油，
谁知道大多数人家会无多少纹银。
交不出纹银就要杀头问罪，
北京城一时闹得血雨纷纷。

拷打官吏时他们遇到一位古稀老汉，
这老汉吴襄曾是大明王朝的辽东总兵。
吴总兵家也拿不出万两银子，
但他儿子吴三桂手里有十万铁骑精兵。

李自成让吴襄手写一封家书，
去劝说吴三桂带兵归降大顺。
大顺朝仍愿任命他为新朝总兵，
让他在山海关把守抗清的大门。

吴三桂当时就同意归降大顺，
李自成派使臣向他颁布新朝任命。
谁知李自成的副手刘宗敏坏了这件大事，
他骄横地抢走了吴三桂最心爱的女人。

那叫陈圆圆的女人也是个穷苦人家出身，
父母在她年方十岁就一命归阴。
贪财的姨父把她卖到教坊，
让她在卖笑生涯中长大成人。

陈圆圆分明是天上的嫦娥下凡，
又好比前朝的貂蝉转世投生。
她美丽的容貌加上精湛的琴棋书画，

迷倒了大明王朝的多少达官贵人。

她的名气从江南传到京都，
一位叫田弘遇的皇亲把她掳到京城。
田弘遇的女儿是崇祯皇帝的贵妃，
他算起来应是大明皇帝的老丈人。

这田弘遇当时已年过花甲，
陈圆圆在他身边也只能算个花瓶。
吴三桂有一次到田弘遇家送礼拜访，
对陈圆圆这女子硬是一见倾心。

吴三桂是大明王朝的武状元出身，
风流倜傥又好色如命。
他是统领十万大军的辽东总兵，
把守着明王朝抗清的第一道大门。

狡诈的田弘遇看出了吴三桂的色胆色心，
干脆把这花瓶做个拉拢名将的顺水人情。
他把陈圆圆送给吴三桂作为侍妾，
让他在效忠大明上贡献全部赤诚。

吴三桂得到他最心爱的女人，
恨不得天天把陈圆圆捧在手心。
但因他是明王朝驻守山海关的大将，
只能把陈圆圆寄住在京城。

李自成的队伍打进北京，

陈圆圆的美貌让刘宗敏一见倾心。
刘宗敏是李自成的第一副手，
他为大顺朝立下了汗马功勋。

刘宗敏把陈圆圆抢到他的大营，
全然不顾那将要投向大顺的辽东总兵。
他说那吴三桂再强也只是个明军降将，
哪里敢与他这个大顺朝的二把手争夺女人。

他不知自己的骄横已犯下弥天大错，
陈圆圆被抢将改变大顺朝的整个命运。
当吴三桂得知爱妾被刘宗敏所虏，
冲天一怒便下了改投大清朝的决心。

清兵统帅多尔衮得知吴三桂将要降清，
高兴得梦里也笑出三声。
他曾多次想去与大明朝逐鹿中原，
总打不开吴氏把守的山海关这扇大门。

吴三桂如今愿意主动把这大门打开，
岂不是老天爷对大清的特殊照应。
多尔衮与吴三桂签下合作协议，
对外称吴三桂为明帝报仇向清朝借兵。

李自成得知吴三桂要投降大清，
点起十万兵马向山海关御驾亲征。
刘宗敏依旧是大顺军的先锋大将，
他要向陈圆圆证明他才是最强的男人。

李自成的部队这回遇上了真正的对手，
在吴三桂与清兵夹击下溃不成军。
十万大军两天内死伤一半，
剩下的一半只好从山海关退回北京。

吴三桂和清兵一路穷追猛打，
李自成和刘宗敏退回北京时已筋疲力尽。
他们愤怒地杀了吴三桂全家老少，
最终还是摆不脱大顺朝昙花一现的命运。

李自成和刘宗敏无奈退出北京，
吴三桂的铁骑把他们步步猛追。
李自成在湖北九宫山被民团杀害，
刘宗敏也在九宫山被俘后英勇牺牲。

吴三桂在杀了刘宗敏后夺回陈圆圆，
陈圆圆从此改变了吴三桂的人生命运。
大清朝的军队在北京挂上自己的旗帜，
吴三桂被任命为大清朝的平西将军。

这位连叛两朝的悍将对明朝残余穷追猛打，
把他们从北方的地界一直打到云南的昆明。
他还追到缅甸残杀了南明的永历皇帝，
用绞刑结束朱元璋家最后一位帝王的性命。

满族人实行的是全民皆兵，
满打满算也不过数十余万人。
上亿人口的大明朝被他夺了天下，

可见得清朝的开国皇帝们聪明绝顶。

他们最强的手段是会招降纳叛，
明朝的悍将都成了他们手下的能臣。
清初的州县官员大都用明朝的旧吏，
用这些官员时还比明朝增加了一倍薪金。

安坤也顺天承运归顺大清，
清朝皇帝又封他为水西宣慰使。
水西之地任由安坤统管，
安宣慰使戴上了大清的顶戴花翎。

五、安坤与吴三桂结怨

大清的江山坐稳后便大封功臣，
功臣中有满人也有汉人。
吴三桂被封为平西王，
牵制云贵两省坐镇云南昆明。

平西王刚坐镇昆明独霸一方，
便生出了要将水西一举扫平的歪心。
他嫉妒阿哲家在水西地世袭千年，
他不信这彝家到底有何德何能。

他听说安坤的禄夫人貌美如花，
这彝家女身上还有特殊的奇味香馨。
好色如命的他打起了禄夫人的主意，
要安坤将夫人送到王府受封听命。

吴三桂的无理要求激怒了水西各部，
安宣慰使大声斥退了平西王派来的使臣。
彝家的兹摩夫人岂能由他随意欺负，
安坤要把吴王的暴戾上告大清朝廷。

吴三桂深知彝家的性格是说到做到，

当年的奢香就告倒了朱元璋的皇亲。
平西王不敢再打禄夫人的主意，
却另找借口不断向安坤滋事挑衅。

他还不时捏造事实向朝廷诬告安坤，
说阿哲家兹摩安坤不是真心归顺大清。
水西地区山高林密地势险要，
若反叛会影响云贵川的四方安宁。

吴三桂诬告安坤还有个根本原因，
他想有朝一日还要反叛大清。
这水西的山川扼守在滇黔川三省要道，
他要先期把这条要道荡平。

吴三桂一次又一次地向清廷诬告安坤，
安坤也把平西王羞辱他夫人的事上报朝廷。
清朝皇帝知晓吴三桂是个色胆包天的悍将，
便派人把二人的仇怨一度摆平。

清顺治帝去世前把江山交给康熙，
康熙帝上台后惩治了几个权臣。
大清的康熙皇帝年轻气盛，
吴三桂的又一次诬告让他同意对安坤用兵。

那是在壬寅年戊子月的吉日良辰，
阿哲家举行十年一次的祭奠祖宗活动。
祭祀时要做三十三天斋教道场，
斋教中要宰杀牛羊猪三牲。

四十八目的安氏宗亲都要前来祭拜，
祭拜者还有他们的各自土目姻亲。
阿哲家的祭祀现场人山人海，
惊动了吴三桂派驻水西的刘之福总兵。

刘之福本是平西王的亲兵爱将，
驻节水西就是吴三桂用他监视安坤。
刘之福派心腹卫队长去探问究竟，
正遇上水西家的布摩在为亡灵祈祷念经。

布摩念经时不能有外人带刀箭进入，
那样做就会冲撞阿哲家的祖宗神灵。
刘总兵的卫队长向来骄横霸道，
他才不管你彝族家有什么葬礼丧规。

他带着刀剑卫士直闯丧场，
阿哲家布摩的脸上布满愁云。
他说这骄兵扰乱了水西家的丧场祭礼，
家神不安会影响安坤兹摩的儿孙。

十三个则溪和四十八目群情激愤，
都要求安坤严惩那扰乱丧场的刘氏骄兵。
安宣慰使把那卫士长捆送还他的主子，
并派人给刘之福送去一封书信。

信中道：你我官阶相差不大，
不过是个文官武将之分。
你派人前来扰乱我家丧场，

信不信我向朝廷奏你一本！

刘之福看完书信后大笑三声，
他笑这安宣慰使不知厄运即将来临。
他先把水西将反的诬告上报吴三桂，
吴三桂用四百千米加急向朝廷上报奏本。

康熙帝收到平西王的诬告奏本，
吴三桂的谎言让皇帝信以为真。
他用朱笔在奏本上写下批示，
同意平西王对水西家征伐用兵。

一个冤案就这样铸成，
吴三桂的诬告终于导致了一场战争。
吴王剿水西的战争足足打了两年，
水西的山川被无数鲜血浸染！

六、水西乌撒联合抗击吴三桂

甲辰年乙巳月丁亥日的早饭时分，
慕俄沟的城上涌来一道黑云。
黑云后面又飞来三对黑乌鸦，
围着宣慰府的旗杆叫个不停。

安坤叫来了宣慰府首席布摩，
又叫来了几位资深穆魁和亲信谋臣。
他要布摩把这不祥之兆认真推算，
看它会给阿哲家带来怎样的命运。

布摩闭上了智慧的眼睛，
按彝家经书《土鲁窦吉》的原理算个不停。
他还宰了只白公鸡煮熟后细看鸡卦[①]，
看完后周身颤抖长叹一声。

他说彝书和卦象都传递一个凶信，
恐怕阿哲家的千年水西要起刀兵。
这凶险将来自西方的昆明洛姆[②]，

① 看鸡卦，彝家占卜吉凶的又一种方式。
② 洛姆，彝语“地方”或“古城”之意。

位高权重的平西王就是水西家的克星。

布摩的算法果然一点没错，
他们很快就收到吴三桂要剿灭水西的凶信。
命中要有祸事谁都难以躲避，
安坤也下定了要拼死一战的决心。

安坤收到的消息来自昆明，
送消息的是安坤的一位表亲。
告知他平西王已得到朝廷诏令，
将率三路大军把水西地一举扫平。

中路大军从哪里来？
中路大军从云南昆明来。
平西王坐镇中军营帐，
他是三路大军的最高统帅。

中路大军共有三万精兵，
他们的声威能震翻乌撒草海。
中路大军要先取乌撒后再攻水西，
他要让千里彝山知晓他的厉害。

乌撒和水西同是彝山的千年土司，
水西和乌撒各有各的风采。
乌撒土司家在明末也改汉姓为安，
清初的乌撒土司家由安重圣兹摩主宰。

天边的鹰和鹰合不来，

见蟒蛇的时候就合得来。
林中的虎和虎合不来，
遇到危险的时候就合得来。

彝家人和彝家人有时合不来，
遇到外敌的时候就合得来。
安重圣和安坤平时也合不来，
但遇到吴三桂带兵来袭他们就团结起来。

他们杀了黄牛黑马对天盟誓，
他们喝了白公鸡血酒表明心态：
彝山的命运要由自己做主，
我们的生死不由他吴三桂随意摆布。

右路大军从哪里来？
右路大军从四川成都来。
这路大军有一万兵马，
四川总督直接把他们统率。

四川总督也是一位凶残悍将，
他从成都到扯勒一路把威风显摆。
扯勒奢家是水西阿哲安氏的历代姻亲，
明末年间才因奢安事件被朝廷战败。

大船破了斤两还在，
土司败了志气还在。
四川总督还在扯勒吃肉喝酒，
扯勒家情报已送到水西家的营寨。

左路大军从哪里来？
左路大军从贵州贵阳来。
这路大军也有一万兵丁，
他们由贵州李总兵亲自统率。

左路大军在播勒[①]地盘上整军厉马，
派三千精兵先到六广河扎下营寨。
播勒的家族也是水西家的世代姻亲，
只是他家在明朝初年已经崩败。

明朝的大将沐英杀了播勒家兹摩，
水西家兹摩收容了播勒家逃出来的后代。
这些逃出来的后人做了水西家的高官，
驻播勒清兵的举动随时有密信传来！

① 播勒，即今天的安顺一带。

七、皮熊出任水西军师

平西王坐镇昆明调兵遣将，
安宣慰使备战水西磨砺刀枪。
备战中他请来一位高人，
这高人曾是南明王朝的丞相。

李自成的大军攻入北京灭了明朝，
吴三桂引清兵入关又灭了大顺。
朱元璋的子孙重新召集旧部，
建立了个南明王朝继续抗击大清。

皮熊原是明朝的贵州总兵，
他和水西宣慰使安坤素有旧情。
当明朝的首都插上了清朝的旗帜，
他便率部效忠于南明朝廷。

南明的永历皇帝名叫朱由榔，
他爷爷就是不爱上朝的明朝皇帝朱翊钧。
永历帝被清兵一路围追堵截，
直到退入贵州后才稍微站住脚跟。

他把南明朝廷建在贵州安龙县，

任命皮熊为南明朝廷丞相统领群臣。
皮熊受命后不负众望，
南明的朝政气象一新。

新兴的气象很快耗尽，
南明的江山也毁于悍将权臣。
孙可望手握着来自张献忠的残兵。
不愿听从皇帝和丞相的朝议诏令。

张献忠也是明末农民义军首领，
他的名号可与李自成并驾齐驱。
李自成攻入北京称帝且建立大顺政权，
张献忠占领武昌自铸大西王王印。

李自成打不赢吴三桂的关宁铁骑，
张献忠斗不过清王朝的八旗精兵。
李自成在湖北的九宫山不幸遇难，
张献忠在四川的凤凰山英勇牺牲。

两位农民英雄都成了短命天子，
大明朝的江山最终属于大清。
孙可望本是张献忠手下的大将，
凤凰山兵败后率残部投向南明。

孙可望自恃有兵有将而日益骄横，
南明王朝的危机也从内部滋生。
孙将军不把皇帝和丞相放在眼里，
想学曹操挟天子号令群臣。

永历帝曾密计收回统兵之权，
孙可望一怒斩杀南明十八位重臣。
机智的皮熊趁乱逃出魔爪，
安坤救他到水西当了教书先生。

孙可望不久后投降大清，
永历帝也从贵州退向云南昆明。
吴三桂率部将他穷追猛打，
最终用绞刑结束了他的小命。

皮熊深知明王朝的气数已尽，
再不想去搞什么反清复明。
他最恨的是吴三桂这个三姓家奴，
几次叛主却自谓良将能臣。

安宣慰使这次请他出谋划策，
旗号打的是只抗吴王不反大清。
安宣慰使向他详细说明此间缘由，
说反贪官不反皇帝是阿哲家的世传家训。

为感激安宣慰使曾有的救命之恩，
皮熊接受水西家军师的重要任命。
十三则溪四十八目头目同饮血酒，
都发誓愿意听从安坤和皮熊的统一号令。

他们还一起去到乌撒兹摩安重圣家，
和他一起议定了共同抗吴大计。
他们对天发誓歃血为盟，

布下了抗击吴三桂的彝家战阵。

安坤和皮熊组建了三万中军，
三万中军由安坤和皮熊直接统领。
他们之下的一品骂色是热立鲁斗，
热立鲁斗负责冲锋陷阵和战场指挥。

骂色是阿哲家族对军官的彝称，
骂色的官阶高低可从一品直到五品。
一品骂色是宣慰使手下的军事首长，
他的职级约等于朝廷的提督总兵。

水西的各部也各有带兵骂色，
他们的衔级分别是三到五品。
十三则溪的骂色相当于朝廷的师旅协镇，
四十八目的骂色相当于官军的卫所团营。

水西的一品骂色由兹摩宣慰使直接领导，
各部的骂色由则溪穆魁和各部穆濯指挥。
一品骂色由阿哲安氏宗亲担任，
其他骂色凭军功能力逐级晋升。

热立鲁斗是阿哲家的嫡系子孙，
他的文韬武略在水西赫赫有名。
同为宗亲的岔嘎哪是阿哲家内务总管，
岔嘎哪管理着水西宣慰使的后勤行政。

八、乌撒借道

皮熊加强了水西队伍的整训练兵，
着重教各级骂色的排兵布阵。
水西的备战搞得轰轰烈烈，
乌撒家的备战却有些冷冷清清。

乌撒家有个位高权重的热戛布摩，
说他能用奇术击退平西王的官军。
安重圣兹摩问他有何退敌妙计，
他说出一个误主误人的千古奇闻。

他说叫巫师制作三千个草马草人，
用白公鸡血淋在草人草马之身。
只要把这些草人草马放到三岔路口，
他能用咒语击退吴三桂兵马的魂灵。

乌撒家将军说布摩的话是胡言乱语，
不练好武艺退不了平西王的铁骑精兵。
安重圣兹摩却把布摩的话听进心里，
不积极练兵备战却去扎草马草人。

安坤和皮熊曾与安重圣当面商议，

说要派几个战将去帮乌撒家练兵。
安重圣说土司和土司的脑袋一样大，
乌撒家的事不用阿哲家操心。

他们商量半天只达成一个协议，
让水西的五千人马驻扎到乌撒边境。
如果那平西王的兵马真的厉害，
水西的兵马再到乌撒家帮助退兵。

平西王的兵马说来就来，
先锋大将是吴三桂的悍将吴永泰。
他听说乌撒布摩要用巫术阻挡大军，
他笑那愚蠢的乌撒土司怎会不败。

吴永泰的铁骑一路未受阻挡，
很快就打到了乌撒家的中军大寨。
守大寨的将军是乌撒家第一悍将，
鲁汝朵的威名能震撼乌撒草海。

鲁汝朵骑的是汗血追风马，
鲁汝朵使的刀削铁如切菜。
吴永泰与他大战三百回合，
直杀得天昏地暗日月衰。

人强不过家伙硬，
平西王兵多将广马更快。
草海周边又是坝子地，
挡不住吴家军马铺天盖地来。

鲁汝朵勇猛也难御强敌，
乌撒家丢失了中军大营寨。
安重圣派人到水西边境求救兵，
安坤的精兵犹如猛虎下山来。

水西的援兵由热立鲁斗亲自统率，
他手下的八千壮士好比猛龙出海。
最英勇的战将是比跻家的卓罗姆纠，
他的战马像箭一样“射”向敌将吴永泰。

他手提映照日月青龙刀，
他腰缠挑龙绣虎白玉带。
吴永泰还未从惊慌中醒悟过来，
卓罗姆纠的大刀已削翻了他的脑袋。

阿哲家的牛角号声四面响起，
热立鲁斗的队伍踏破了敌人的营寨。
腾飞的战马好似天边的雄鹰，
冲锋的勇士宛如奔腾的大海。

平西王的队伍退去五十多千米，
乌撒家的首领回到了中军大寨。
安重圣兹摩吩咐杀牛宰羊，
把阿哲家的将士好好款待。

吴三桂的兵马又来攻打三回，
三回都被热立鲁斗打得大败。
吴三桂的军师献出一条毒计，

派人去把乌撒家的布摩收买。

那布摩是乌撒家的首席幕僚，
最喜装神弄鬼又爱美色钱财。
吴三桂派人向他送去黄金千两，
让他设计把水西的兵马从乌撒调开。

哄骗他说朝廷要打的是水西不是乌撒，
要他说服乌撒家把通往水西的大路让开。
只要平西王早日把安坤的反叛平定，
水西的江山划一半归属乌撒家统率。

乌撒家布摩收了吴三桂的真金白银，
一条毒计从他心底盘算出来。
他说热立鲁斗打败平西王的先锋大将，
热立鲁斗的名声已把乌撒家兹摩的威望覆盖。

热立鲁斗在神房前骑马是对乌撒家祖宗的不敬，
乌撒家家神不安就会把祸事降来。
土司和土司的脑袋一样大位置一样高，
阿哲家骂色哪能在乌撒家神灵面前显摆？

听说那热立鲁斗得罪了祖宗神灵，
安重圣的面色一下子凝重起来。
敬奉祖宗是彝家的千年古礼，
坏了规矩只能让热立鲁斗把责任担待。

他下令让热立鲁斗带兵回去水西，

他决定为吴三桂把大路让开。

吴三桂也送给他黄金千两，

外加一条镶玉腰带。

乌撒与水西的联盟就这样被奸人破坏，

吴三桂的大军从乌撒向水西猛扑过来。

热立鲁斗带兵含泪回到水西，

安坤和皮熊重新把抗吴的战阵摆开。

九、锅圈岩七星关大战

吴三桂的大军杀气腾腾，
乌蒙山的天空布满战云。
水西主安坤召开作战会议，
十三则溪的穆魁齐聚宣慰衙门。

皮熊军师曾是大明朝的一省总兵，
他对吴三桂部队的情况了解较深。
别看那平西王指挥着三省会剿，
川黔两省的部队却不会与他协力同心。

四川的刘总兵也是明朝旧部，
他比吴三桂晚两年才投降大清。
他在大清朝小心翼翼却常遭排挤，
吴三桂居功自傲却能平步青云。

他们不得已听从吴王调度征剿水西，
实战中却是隔岸观火不愿拼命。
他把右路军大营扎在扯勒旧地，
为的是让吴三桂与水西主鹬蚌相争。

贵州的李总兵是吴三桂嫡系部下，

追随吴三桂攻城略地从北京打到昆明。
但他坐镇一省后又有了新的想法，
不愿再为平西王大杀四方冲锋陷阵。

他把左路大营驻扎在播勒旧地，
不想过早渡过鸭池河向水西进军。
他要让平西王与水西都杀得筋疲力尽，
他再出奇兵建立盖世功勋。

最难对付的是吴三桂的三万中军，
他们想的是要把水西早日平定。
吴三桂的中军也有相应弱点，
最大的弱点是他的骑兵多于步兵。

吴山桂的铁骑先灭大顺后灭南明，
那是平原上的地利能让他战无不胜。
乌蒙山的道路曲曲折折弯弯拐拐，
吴三桂的高头大马难以纵情驰奔。

打遍天下的关宁铁骑已不可怕，
只是他们的红衣大炮依旧威震三军。
一发炮弹打入重兵集结之地，
几百名骑兵都会人马灰飞烟灭。

守关隘的部队要会挖壕筑垒，
打野仗的部队要会利用地物地形。
红衣大炮威力无限却炮弹有限，
不会把有限的炮弹射杀分散的单兵。

皮熊军师分析罢吴三桂的态势军情，
又部署出水西家兵来将挡的对敌战阵。
十三则溪四十八目各有自己的战区，
各路土司土目都有自己的守土责任。

四川的右路兵马将从东北方向攻来，
胧胯安架和六慕三则溪的兵马前去应对。
贵阳的左路兵马将从西南方向攻来，
果仲朵泥和以著则溪的兵马前去应对。
昆明的中路兵马将从西北攻来，
比跻雄所和以著则溪诱敌深入边战边退。

安坤和皮熊统率三万水西精兵，
木胯德初化角与架勒则溪负责粮草供应。
水西精兵将在果勇迭土设下伏兵，
选择战机把平西王的中路大军一网打尽。

诱敌的则溪要在则窝等地打几场硬仗，
让吴家军把红衣大炮的炮弹使用殆尽。
只等那吴三桂的兵马进入埋伏区域，
诱敌的则溪就绕到敌后把口袋扎紧。

安坤宣慰使十分赞赏皮熊的排兵布阵，
对众首领称军师的命令就是他的命令。
哪一路穆魁骂色要敢说一个“不”字，
水西主的权杖就会要了他的老命。

十三则溪的穆魁领令回到自己的衙门，

向各部土目兵马传达了安宣慰使的命令。
千里彝山响遍了调兵的牛角声，
四方八岭涌动着麻林般的梭镖红缨枪。

岂曰无衣？与子同袍。王于兴师，修我戈矛。
岂曰无衣？与我同裳。王于兴师，修我甲兵。
古老的战歌传遍山山岭岭，
水西上下坚定了抗击吴三桂的决心。

锅圈岩是雄所则溪的第一大寨，
秋天的荞子花把漫山遍野装点得流光溢彩。
吴三桂的铁蹄撕碎了这美丽的画卷，
熊熊的战火能把六曲河的秋水烧开。

雄所家的骂色骑一匹四蹄踏雪千里马，
雄所家的兵丁清一色强弓硬弩皮腰带。
吴三桂的先锋大将一马当先冲过来，
雄所家的首席骂色大战百回合把他败。

吴三桂的兵马如飞蛾扑火不服输，
雄所家的勇士像水牛打架不认败。
残酷的战争打了十天半个月，
杀敌的呼声震垮三山九层岩。

吴三桂的兵丁用红衣大炮轰彝寨，
雄所家兵马退守寨后九层岩。
吴家军的大炮又对准大岩打，
直打得天昏地暗太阳歪。

雄所家的穆魁依计退到七星关，
与比跻家兵马两部会师到一块。
比跻家穆魁杀了十头牛，
把雄所家勇士真心实意来款待。

七星关是水西的第一雄关，
一条独路像懒蛇盘山直上云端。
七座大山像天上的北斗七星，
山上有诸葛亮南征时留下的营盘。

七星关是云贵两省的咽喉地段，
自古以来有多少英雄在此长叹。
此雄关只有天在上头，
怎能许将军夜渡壮志生还。

比跻家守关骂色是卓罗姆纠，
卓罗姆纠是闻名水西的第一悍将。
安坤和皮熊给比跻家的任务是坚守不出，
想尽办法消耗吴家军马的有生力量。

卓罗姆纠在关上坚守不出，
吴三桂在大营中一筹莫展。
他下令用红衣大炮向关上猛轰，
消耗了他从昆明带来的一半炮弹。

凶猛的大炮一连轰了三天，
卓罗姆纠的阵地依旧稳如泰山。
水西家的牛角依旧四处回应，

比跡家的旌旗依旧遍山招展。

连日的胜利让卓罗姆纠有些心高气傲，
他把手下的军官们请到自己的中军大帐。
他拿出两坛好酒让军官们开怀畅饮，
畅饮中他说出了自己的一番打算。

矫健的雄鹰在天上展翅翱翔，
抓不了地上的野兔他的爪子很痒。
勇猛的豹子在林中游走，
抓不上麂子他的心里很痒。

他说：我们在关上坚守不出已有五天，
消耗了吴家军的千发炮弹。
只可惜我们的勇士还没有一展身手，
我们就像雄鹰和猎豹那样心痒手痒。
我决定明天带着队伍冲到山下，
趁敌不备杀他个人仰马翻。
我要让吴家军知晓水西彝族人的胆略，
我要让吴三桂知晓卓罗姆纠的手段。

卓罗姆纠带的五千精兵如猛虎下山，
转眼间把吴三桂的人马杀得人仰马翻。
他们在激战中缴获了两门红衣大炮，
可惜无人会用只能将它炸烂。

这一仗斩杀了吴三桂五千骄兵，
卓罗姆纠亲手斩杀了吴家军三员大将。

他好比那天上的雄鹰和林中的豹子，
消灭了敌人才止住了自己的心痒手痒。

吴三桂的兵马经历过南征北战，
面对突变也能稳住阵脚临危不乱。
狡猾的吴三桂更是看到转折之机，
使出一招调虎离山的夺关伎俩。

吴三桂让部下死死拖住卓罗姆纠，
另派三百精兵打扮成彝兵模样。
他们打着比跻家的旗帜来到七星关下，
说是卓罗姆纠让他们回来守关。

守关的彝兵受蒙骗开了关门，
三百吴兵顿时变了模样。
他们抽出雪亮的宝刀宝剑，
转眼间把两百彝兵杀死在七星关上。

得手的吴兵点上三堆大火，
吴三桂喜得心花怒放。
卓罗姆纠得知雄关已失，
无心思再与吴家军纠缠死战。

卓罗姆纠捡了芝麻丢了西瓜，
斩敌五千却失去了千年雄关。
他想：我若不在下一场征战中戴罪立功，
哪有脸面去见比跻家的父老同乡。

卓罗姆纠吹响收兵的牛角，

五千精兵已死伤一半。

他带着残兵从小路向后撤退，

到锅圈岩时已到太阳落山。

七星关后的城池是比跻则溪，

锅圈岩是比跻家的又一战略要地。

比跻家穆魁在此扎下大营，

比跻和雄所的各路兵马到此集聚。

安坤宣慰使派热立鲁斗到此指挥督战，

皮熊军师临别时送他一条锦囊妙计。

要他率比跻家兵马与吴贼大战一场，

要把那吴家军杀得血流成河尸骨遍地。

争战时要分散杀敌让吴贼把炮弹打光，

让他的红衣大炮不再有惊天动地的威力。

得胜后佯装败相退回水西，

要把那吴王的兵马引向果勇迭土。

水西家的精兵在果勇迭土设下十面埋伏，

阿哲家的勇士要在果倮大箐创下奇迹。

安宣慰使下决心要把吴三桂在此围歼，

要让他知晓彝家人的性格脾气。

安坤和皮熊达成一致意见，

水西反抗吴王是只反贪官不反皇帝。

得胜后他们再向大清朝廷申诉冤情，

讲清楚反吴王是水西家被逼的无奈之举。

热立鲁斗精心实施着军师的战略妙计，
把吴三桂的兵马杀得尸骨遍地。
锅圈岩到处响起冲锋的牛角号声，
比跻家满山都是迎风招展的龙虎战旗。

激烈的厮杀打了三天三夜，
平西王的炮弹炸得昏天黑地。
只听那牛角号声由激昂转向凄惨，
水西家兵马佯装战败向果勇迭土退去。

吴三桂闻报心中大喜，
安坤的兵马怎能阻挡他大炮的威力。
他传令大军要紧盯彝兵乘胜追击，
他的马队要在半月内踏平整个水西。

吴三桂派快马传檄川黔两省总兵，
要他们的兵马尽快攻入水西腹地。
四川的兵马渡过赤水抢占比滋洛沟，
贵阳的兵马到六圭河与吴三桂会聚。

平西王想不到他的檄文写错一字，
这个错误差点要了他的老命。
水西境内有两条河流，
六广河与六圭河相隔五十余千米。

六圭河在果倮大箐边上，

水西家的大营就设在这里。

六广河在水西的疆界边，

果仲则溪的兵马在此抗敌。

十、吴三桂被困果勇迭土

吴三桂的中路大军直扑果倮大箐，
果倮大箐有安坤家留下的兵营。
树上的鸟儿依旧在唱，
林中的麋鹿依旧在行。

吴三桂不知已中了安坤和皮熊的妙计，
让他和他的大军一下落入陷阱。
他以为水西兵马怕他的大炮，
厮杀了三天三夜就退出了兵营。

历经七星关和锅圈岩的征战杀伐，
吴三桂的兵马已从三层少了一层。
红衣大炮的弹药已所剩无几，
他要的是速战速决剿灭安坤。

吴三桂在果勇迭土安营扎寨，
杀牛百头把未来的胜利先庆。
殊不知他欢喜不晓愁来到，
安坤的大军已将他紧紧围困。

调兵遣将的是皮熊和安坤，

热立鲁斗负责在前方冲锋陷阵。
当把各路兵马调动安排完毕，
他们在大帐饮一壶好酒举杯相敬。

他们分析着平西王兵马的成败得失，
对果勇迭土的埋伏充满必胜的自信。
他们好比前朝的诸葛和周瑜，
谈笑间要让吴三桂的队伍灰飞烟灭。

东路大军由额德刹巴统领，
沿着洛吐大河[①]向果勇迭土进军。
西路大军由开元骂色带领，
从化角则溪向果勇迭土攻击前进。

北路大军由卓罗姆纠统率带领，
安坤兹摩派给他五千滕甲精兵。
南路大军由热立鲁斗亲自带领，
一万精兵把龙虎帅旗迎风高擎。

皮熊和安坤还有精兵一万，
这一万精兵负责着四方八面策应。
只要听到各路大军中有求助的牛角声，
安宣慰使就及时派出助战的精兵。

一声鸡唱唤醒果倮大箐的黎明，
几路侦察的马匹跑入了吴三桂的辕门。

---

① 洛吐大河，彝语称的鸭池河。

报一声大帅形势不妙，
果勇迭土发现数不尽的水西彝兵。

彝兵的矮马翻山越岭如履平地，
彝兵的硬弩百步穿杨箭射飞鹰。
彝兵的牛角号四面八方村村吹响，
彝兵的牛皮鼓千山万岭前呼后应。

哪怕他吴三桂转战南北久历战阵，
闻战报也不由得从心底大吃一惊：
原只想彝家人只会使蛮力无关紧要，
谁知他的背后有高人会排兵布阵。
果勇迭土的坝子平坦又宽大，
正好让我的兵马在此扎下大营。
谁知此地是进山容易出山难，
六圭河的两岸山高林密路险坑深。
如果那水西兵把来去的山道全堵死，
我吴家军的粮草何处能来供应？
兵无粮草就会不战自乱，
这果勇迭土分明是安坤挖的陷阱。

洪鲁阻姆是果勇迭土东路的交通要道，
吴三桂在这里获得从乌撒运来的粮草。
洪鲁阻姆山高路险坑深，
通往山外的大路只有一条。

吴三桂久历战阵通晓用兵之术，
在洪鲁阻姆部署了三千精兵九门石炮。

石炮用木柱和皮绳做成弹射石块的架子，
从山顶弹射出的石块犹如呼啸的冰雹。

骂色刹巴骑一匹枣骝水西马，
穿一领黑色羊毛披毡袍，
带领着强弓硬弩五千兵，
向洪鲁阻姆吹响了牛角冲锋号。

水西的勇士冲到半山腰，
吴家军的石炮铺天盖地如冰雹。
攻山的队伍被击退，
悍将骂色刹巴气得双脚跳。

刹巴的队伍攻了两天半，
攻不破吴家军的利箭与石炮。
刹巴他回到骂色中军帐，
心中的怨气用老酒浇。

酒入愁肠愁更愁，
刹巴他越想越心焦。
帐外忽有士兵来通报，
皮熊军师已来到。

刹巴骂色迎出大帐来，
头上还顶着石炮砸下的两个包。
皮熊军师无意把他怪，
告知他打仗不能只凭蛮力要懂用兵之道。

吴山桂的兵马仗着地势高，
山高路险用石炮。
水西的彝兵攀岩越岭最拿手，
何不来个兵出后山破敌巢。

皮熊军师的妙计说出来，
骂色刹巴心中顿时开了窍。
他不再闷坐在帐中喝烧酒，
传令手下快去把勇士招。

八百个勇士转眼就召齐，
他们背着强弓硬弩手持大刀。
他们还各自备上一条登山绳，
趁月色爬上洪鲁阻姆奇险道。

到山顶正值月黑风高，
吴山桂的兵马都在帐中睡大觉。
他们接连打了两场大胜仗，
想不出有人会爬过悬岩出诡道。

八百勇士攻到营盘里，
把睡梦中的两千吴兵全报销。
剩下的残兵败将逃到果勇迭土，
把丢失阵地的噩耗向吴王报。

骂色刹巴攻上洪鲁阻姆轿子山，
咬牙切齿想把那九台石炮一火烧。
皮熊军师传令不许乱动手，

他要请人将这石炮来仿造。

水西有个部落叫戈阿娄，
他家木匠的手艺比鲁班还要高。
皮熊令戈阿娄家找来三百巧木匠，
照原样把这石炮来仿造。

戈阿娄家的木匠手艺实在高，
仿造的石炮比吴家军的还要好。
水西家兵马有此石头炮，
守要地的兵马就像脚踏云梯步步高。
安坤和皮熊给刹巴增调九门石头炮，
命令他把洪鲁阻姆千万来守好。

洪鲁阻姆断了吴家军的运粮道，
吴三桂闻战报气得双脚跳。
他传令把丢失阵地的大将砍了头，
再令五千兵马去夺险要道。

夺要道的将领叫张右保，
张将军的部队配备三门红衣炮。
红衣炮一炮能震半岩垮，
他不信夺不回那运粮道。

张右保的兵马攻了三天半，
攻不上洪鲁阻姆的半山腰。
炮弹来时刹巴带兵马躲入岩洞中，
吴家军到山腰就用石炮下石雹。

吴家军打了三天红衣炮，
水西军岿然不动战旗飘。
红衣炮弹已用了几百发，
张右保五千精兵半报销。

张将军回天无力退回军营，
吴三桂熊熊怒气心中烧。
张右保又成了他的刀下鬼，
无将领再能夺回那运粮道！

东路的骂色刹巴截断了吴家军的运粮道，
南路的热立鲁斗攻入了吴家军的右营巢。
西路的翁额占领了吴军向后退的蒙鲁山，
北路的卓罗姆纠占领了三岔河的桥头堡。

四路大军层层推进从外向里打，
吴三桂的兵马一天更比一天少。
最要命的是所剩粮草只够吃三天，
所剩的红衣炮弹只够打几炮。

吴三桂派出快马向四川总督去求救，
要他的兵马去把安坤家的神山烧。
水西的彝人信神信鬼敬祖宗，
烧他家神山是前人妙计围魏可救赵。

吴三桂派人向贵州总兵去求救，
要贵州总兵的兵马渡过洛吐大河向他靠。
只要这次平定水西立了功，

他定会上奏朝廷让贵州总兵戴上总督帽。

吴三桂给四川总兵的书信已送到，
给贵州总兵送信的马匹在半路报了销。
他的书信落到了皮熊军师手，
军师要用妙计把大鱼钓。

水西边境有条六广河，
六广河离六圭河足足五十千米遥。
他要把那李总兵的兵马堵在六广河，
收拾完吴三桂后再去把他剿。

吴三桂派出各路信使去求救，
安坤和皮熊也把各路兵马调动好。
热立鲁斗率兵两万攻击吴军大本营，
额德刹巴把吴军进出粮道把守好。

安坤和皮熊还派出八千兵，
由岔嘎哪带去守好六广屯。
岔嘎哪是德额则溪家的执政者，
又是安坤宣慰府的掌权人。

岔嘎哪有些能文能武真本领，
在水西家上马管军下马管民。
安坤和皮熊派他带兵去守六广，
就是要迷惑那贵州总兵李将军。

让那李将军认为水西军主力在六广，

误认为岔嘎哪守的是水西大本营。
让他们在那里打上十天半个月，
安坤和皮熊好在六圭河围歼吴家军。

水西家兵马的口袋越扎越紧，
吴三桂仔细权衡后产生了突围心。
果勇迭土的侧翼还有一条路，
这便是退向乌撒米箩大箐的阿扎屯。

据守阿扎屯的彝将是骂色阿武，
阿武的手下有五千彝苗精兵。
吴三桂派出他手下的悍将王洪，
让王洪带去精兵八千大炮五门。

王洪曾随吴三桂转战南北立功无数，
斩杀过李自成的悍将和南明朝的元勋。
他怎会把那水西的彝家人看成对手，
以为放几炮就会踏平那山顶大营。

谁知他是铜盆碰到铁沙子，
哪晓得他是冤家遇到对头人。
王洪拼尽全力攻了三天半，
攻不破阿武的营垒半毫分。

王洪的得力干将刘秀亲率八百人的敢死队，
刘秀被那阿武一箭穿胸毙了命。
八百勇士半生死，
剩下的被彝兵石炮打回营。

王洪带着残兵败将退回大本营，
吴三桂这回未把他治罪。
他长叹：人生命运由天定，
看来是人生再强也强不过命。
那李自成率兵百万进北京，
大明朝的江山在他脚下崩。
只因惹恼了我吴三桂，
我让他在九宫山毙了命。
南明王朝的残兵也有几十万，
我吴三桂打他好比秋风扫残云。
想不到我会在阴沟里面翻了船，
老命会交给弹丸之地的水西老彝人。

吴三桂说罢泪满襟，
拔出宝剑就想要自刎。
王洪一把夺过吴王手中剑，
说道：平西王千万不可有此心，
大本营还有精兵一万五，
我们的军粮草还有四万斤。
吃完了粮食我们可以杀马吃，
坚守营盘只等那川黔总兵来救人。

吴三桂听了王洪一席话，
暂时收起那自刎的心。
传令各部深挖壕沟节约粮草，
又派出马匹向外求救兵。

吴三桂深挖壕沟筑守阵，

果勇迭土方圆十里响起牛角声。
热立鲁斗率领水西彝兵两万五，
宛如排山倒海来攻城。

仇人相见两眼红，
王洪横刀立马亲率吴家军。
他喝令红衣炮兵放大炮，
一顿炮击退了排山倒海的水西兵。

热立鲁斗的战马失了蹄，
一块弹片打伤了他的左眼。
热立鲁斗的卫士舍命来救主，
把他背回了彝军大本营。

安坤和皮熊来探望，
找来了军中医术最好的张医生。
他们还请布摩翻开彝书占卜吉凶卦，
得出的卦象三卦都是凶卦。

十一、岔嘎哪叛变投敌

布摩看过卦象叹口气，
说热立鲁斗只怕难以再带兵。
热立鲁斗也向宣慰使和军师说了真心话，
建议他们请阿若卡代替自己来统率军队。

阿若卡是归宗则溪的二品骂色，
他打仗向来以稳扎稳打闻名三军。
安坤和皮熊接受了热立鲁斗的举荐，
让阿若卡接任一品骂色执掌帅印。

阿若卡带领兵马又猛攻五天五夜，
攻不破吴三桂的营寨墙高沟深。
但他从抓获的俘虏中获得信息，
吴家军的粮草辎重已全部用尽。

吴三桂的部队已在杀战马当顿充饥，
吃马肉当饭的士兵已怨气丛生。
以稳健著称的阿若卡想出一个战法，
他要用围而不打之法活活困死吴军。

他向安坤和皮熊说出自己的打算，

聪明的皮熊马上把他的想法否定。
军师说若不乘胜对吴军发动总攻，
只怕那四川和贵州的总兵把吴贼接应。

阿若卡说吴军的营垒墙高沟深，
那红衣大炮的炮弹也还未全部用尽。
古人的兵书都说是穷寇勿追，
硬追穷寇会要了几千水西彝兵的性命。

安坤认为阿若卡的意见说得有理，
便拍板做出了同意围而不打的决定。
他要让吴三桂的兵把战马全都吃完，
到时候来个瓮中捉鳖全歼吴军。

征战杀伐最怕主帅的判断失误，
安坤的误判最终让吴三桂反败为胜。
就在安坤把吴三桂围得走投无路之时，
守六广的岔嘎哪却投降了贵州李总兵。

岔嘎哪到六广后与李总兵血战半月，
李总兵的兵马踏不进六广屯的寨门。
双方打了十六仗，
各家死了几千兵。

岔嘎哪的坐骑是一匹铁青骡子，
那骡子与他一起经历过无数战阵。
那天早上他穿好盔甲要骑骡上阵，
大骡子就死活不肯走出辕门。

岔嘎哪心里好生烦闷，
近来他好像事事都不顺心。
他在水西家位高权重官居一品，
安宣慰使却让二品骂色阿若卡统领三军。

岔嘎哪叫马夫去把青骡子打了一顿，
另骑一匹枣骝马去与李总兵厮杀对阵。
没想到他才出营门就被冷箭射伤，
枣骝马又马失前蹄落入了陷阱深坑。

岔嘎哪的卫队长前来拼死相救，
却被李家军的红衣大炮夺去了性命。
李总兵的铁骑四面杀来，
把受伤的岔嘎哪在坑中生擒。

岔嘎哪被五花大绑押进总兵辕门，
李总兵下令松绑并叫来随军医生。
他叫医生先去给岔嘎哪医伤上药，
说他改天要为岔嘎哪设宴摆酒压惊。

岔嘎哪不知那李总兵是何居心，
为何要对他来个猫哭耗子假慈悲。
他决计先去把胸前的箭头拔出来，
再来看他耍的是哪路龙门阵。

岔嘎哪拔箭医伤的第三天，
李总兵设宴摆酒在辕门。
他请岔嘎哪独对鱼头坐上席，

岔嘎哪横眉冷对把话明：
我是败军之将不言勇，
要杀要剐随你定。
你要让我坐上席背叛水西家，
只怕是看错日子找错人！
我阿哲家世世代代领水西，
我岔嘎哪是阿哲家嫡系正宗亲。
安宣慰使待我好比亲兄弟，
我这总管是水西衙府第二人。

李总兵听罢开言笑：
你岔嘎哪不要愚忠愚孝不识好人心，
我知你是阿哲家正宗嫡裔，
但你祖上与安坤家曾是有仇人。
安坤他高祖名叫安万钟，
安万钟宣慰使暴虐无道对待水西人。
他将百姓当猎打，
骑马拉弓射活人。
你高祖乌桂是安万钟属下大土目，
他带部下杀死那残暴的兹摩君。
安万谥是安万钟的亲兄弟，
他把乌桂一家几乎斩杀殆尽。
安万镒继位不久毙了命，
你乌桂家才重见天日还原土目身。
你父亲到宣慰府做个五品官，
小心翼翼伺候安坤他老父亲。
安坤让你当了大总管，
他与你却面和脸善不是一条心。

他让你来守六广屯，
却让阿若卡执掌元帅印。
你若愿投我大清坐上席，
我上奏朝廷保你做水西新宣慰使。
你若要做个愚忠安坤的败军将，
我送你去见你家乌桂老祖人。

听了这李总兵轻描淡写一席话，
岔嘎哪万千往事涌上心。
他也知乌桂家有段血泪史，
又觉得同宗共祖是打断骨头连着筋。

李总兵既已同意保他为新宣慰使，
他不如下个台阶换门庭。
一来可报乌桂家祖上仇，
二来可扬眉吐气做水西第一人。

岔嘎哪在心中把主意来打定，
在席上就推杯换盏投降了李将军。
他告知吴三桂已在六圭河被困半个月，
再不解救就要成安坤刀下人。

李总兵闻讯吃一惊，
冷汗顿时涌上脑门。
平西王叫他会师六圭河，
是他误判为这六广屯。

六广河离六圭河五十余千米，

全是崎岖山路人难行。

李总兵传令八千精兵直扑六圭河，

还带着岔嘎哪五千降兵一路前行。

十二、李总兵营救吴三桂

安坤和皮熊坐镇果勇迭土中军大营，
阿若卡骂色横刀立马指挥各路彝兵。
他们把围困吴家军的口袋越扎越紧，
平西王的兵马眼看就要山穷水尽。

忽听得一阵炮声从果勇迭土后路传来，
几个败兵闯入了安宣慰使的大营。
道一声：兹摩大事不好，
岔嘎哪总管已投降了吴家的贵州总兵。
他们的兵马正向果勇迭土杀来，
他们的马队已踏破卓罗姆纠的大营。
他们把红衣大炮架到了山顶，
狂轰着水西家的各路彝兵。

安坤和皮熊严令阿若卡带兵去救，
救回了卓罗姆纠但损失了五千精兵。
李总兵的兵马如猛龙出海杀将过来，
叛变了的岔嘎哪摇旗呐喊为敌助阵。

吴三桂的残部知晓来了救兵，
饿人饿马也扛起刀箭冲出营门。

安坤和皮熊遭受两面夹击，
阿若卡的部队顿时溃不成军。

卓罗姆纠拼尽全力保护安坤和皮熊，
他们的队伍退到了慕俄格[①]才稳住脚跟。
慕俄格是水西宣慰府的衙门所在，
守城池的骂色是水西的大将彭魁。

彭魁祖上是湖南省属三湘人，
被奢香夫人聘为教授汉文的老先生。
彭家后代能文能武多俊杰，
彭魁成了水西骂色带兵人。

① 慕俄格，即今天的大方县城。

十三、禄夫人和幼子到乌蒙家避难

安坤和皮熊退回慕俄格，
吴三桂在六圭河畔绝处逢生。
吴三桂拉着李总兵的双手泪流满面，
说忘不了他对自己的救命之恩。

吴三桂让他的部下饱餐一顿，
这顿饭胀死了不少饿了三天的兵丁。
平西王传令在果勇迭土休整十天，
再去慕俄格攻打那可恶的皮熊和安坤。

吴三桂和李总兵在果勇迭土休整兵马，
安坤和皮熊在慕俄格站稳脚跟。
他们认真检点了水西的各路兵马，
果勇迭土一仗让他们三成少了两成。

皮熊和安坤在慕俄格重振士气排兵布阵，
让伤好复原的热立鲁斗重新统领各路兵丁。
那一天他们正在宣慰府中分析敌我形势，
陇胯则溪家马作送了一封噩耗书信。

信中说四川总兵的人马已从东路杀来，

攻占了阿哲家祖坟所在的云山屯。
四川兵马的红衣大炮格外凶猛，
守云山屯的骂色就在他的炮火中丧身。

闻噩耗安坤“阿闷闷”[①]大叫一声，
大哭道：我安坤对不起祖宗神灵。
他下令热立鲁斗带兵去夺回祖地，
老布摩的一席话又让他改变了决定：
彝家人打仗要靠祖宗神灵庇佑，
不可在祖坟地厮杀征战让祖灵受惊。
那吴三桂贼子的确位高权重，
云贵川的兵马都听从他的命令。
我们和他的这一仗一时输赢难分，
有一事要请兹摩早作决定。
阿哲家下一代的确人丁不旺，
只有禄夫人生的安胜祖一个男丁。
小主子今年只有六岁，
兹摩你爱他胜过自己的性命。
小主人想要天上的月亮，
兹摩你不会只给他天上的星星。
如今水西家兵灾险象丛生，
应叫禄夫人带小主子到后家躲避一阵。
若我们胜利就去迎接他们回到水西，
若失败就让他长大后为我们报仇雪恨。

布摩的建议勾起了安坤心中的往事，

① 阿闷闷，水西彝家感叹词，相似于汉语的“阿呀呀”。

他想起了当年到乌蒙家求婚的万苦千辛。
禄夫人精明强干知书识礼，
相夫教子并协助安坤他理政安民。

可恨那吴三桂诬陷忠良兴兵来犯，
那色中饿鬼曾打主意侵犯禄夫人。
如若水西战事失利兵败，
禄夫人就难逃被侮辱的命运。

布摩的意见说得有情有理，
直说得安坤心如刀绞眼泪纵横。
为了阿哲家江山社稷不留遗憾，
他当场做出了影响未来的正确决定。

他派人把禄夫人叫到中军大营，
要她带安胜祖到乌蒙家去躲避一阵：
一旦我安坤逃不过吴三桂这场劫难，
你要为阿哲家保住安胜祖这条独苗独根。

安坤的话语让禄夫人如五雷击顶，
她差点昏倒在安坤的中军大营。
她惊呆半晌后恢复了镇定，
一席话说得掷地有声：
我禄阿香不学那大难来时各自飞的林中鸟，
我死是阿哲家的鬼生是阿哲家的人。
夫君要我逃到乌蒙后家躲战乱，
这个主意禄阿香万万不应承。

安宣慰使知晓禄夫人的倔脾气，
只能用计谋让她放宽心。
他说：我不是叫你去后家躲战乱，
我是叫你带人到乌蒙家借救兵。
吴三桂的兵马有三万，
我水西家残兵不到两万人。
乌蒙家如能借我精兵一万五，
我与他吴三桂输赢还须天来定。
借得兵马你带回来，
借不成兵马你就在后家躲一阵。
你要把安胜祖精心抚养大，
为我阿哲家留条命根。
有命根就有希望在，
就像那火烧茅草春又生。
我水西家反吴王不是反清帝，
你要为水西报仇雪恨诉冤情。

听了安宣慰使发自内心的一席话，
禄夫人把心中主意来打定。
她愿带着儿子去乌蒙家躲战乱，
她愿领阿哲家使者到后家去借兵。

安坤见禄夫人主意已定，
便传令派兵三百随她行。
等到那日夜深人静，
送禄夫人的兵马悄悄出了东城门。

送夫人的兵马由热立鲁斗亲自带领，

热立鲁斗与乌蒙家兹摩有些姻亲。
他送禄夫人回娘家体现了阿哲家的礼义，
也好让乌蒙土司家借些粮草和兵丁。

紧赶七天才到乌蒙家的大寨子，
乌蒙家兹摩率宗亲迎出寨门。
他看到女儿和外孙平安归来，
久历风霜的脸上喜得老泪纵横。

禄阿香自幼是乌蒙兹摩的掌上明珠，
她选中那人中龙凤才嫁给阿哲家安坤。
乌蒙兹摩只盼女儿一生平安富贵，
哪知安坤家会惹上吴三桂那千古恶人。

吴三桂兵多将广要踏平水西，
乌蒙兹摩夜夜为女儿的安危操心。
他曾想派人去把女儿接回后家，
又怕人说他是忘恩负义不近人情。

今日里能见到女儿和外孙，
莫不是乌蒙家祖宗神灵对他们的照应。
他说：我一定要把他们留在乌蒙精心保护，
绝不要他们跳进水西那战火纷飞的深坑。

乌蒙兹摩把主意在心中打定，
谁知女儿一席话扰乱了他的心。
她说：我回后家不是要来躲战乱，
我是要向阿爹您乌蒙家借一万五千兵。

我是水西家兹摩妻，
我要与夫君和百姓共死生。
热立鲁斗是水西家大元帅，
他和我一起回来就是搬救兵。

热立鲁斗也开口说了话：
我本是乌蒙家大外甥，
只因那吴三桂无端施加祸事，
乱兴兵马残害我水西一方人。
安宣慰使他拼尽全力来反抗，
只可惜水西家势单力薄击不退吴家军。
老舅家如能把一万五千兵马借给我，
水西家就好比龙归大海虎回林。
待我家打败恶王吴三桂，
我们再到朝廷诉冤情。
水干自有石头现，
我不信他能一手遮天几十春。

听罢热立鲁斗一番话，
乌蒙兹摩把心事来表明：
不是我乌蒙家有兵不借你，
我家祖祖辈辈就不喜欢动刀兵。
那平西王是大清皇帝来任命，
谁会信你水西家反吴王不是反大清？
我乌蒙家能在千里彝山传百代，
就因为我家从不反朝廷。
我若把兵马借给你水西家，
岂不是自己惹火烧自身？

我虽不能把兵马借给你，
我家布摩可把水西吉凶来判定。
我家布摩熟读天下经文，
能把世间的祸福吉凶从卦象上判定。
你水西家的兵到底强不强，
且待他从旗卦鸡卦来判明。

乌蒙家大布摩的名字叫阿侯布苦，
他在乌蒙家的话语权一语千金。
阿侯布摩在门前插上四面战旗，
战旗上写着水西家宣慰使安坤的大名。

布摩他手提白公鸡念了经文，
又把那鸡冠子的鲜血沾上几面旌旗，
还把祭祀的鸡肉煮熟后占卜鸡卦，
做完仪式后向热立鲁斗长叹一声：
你水西家兵强马壮不用说，
可惜他安坤到底人强不过命。
水西家安坤有血光之灾难解脱，
旗卦鸡卦上都显示有他的凶信。
平西王位高权重兵马壮，
水西家灭顶之灾要来临。
乌蒙家若把兵马借安坤，
就像把羊儿送进虎狼群。
乌蒙家兵马不能借给你，
但我布摩有道法术特别灵。
你家准备草扎茅人三千个，
一个茅人身上扎十根针。

让茅人穿上官兵衣，
衣上写着吴三桂大恶名。
茅人放在三岔路，
可挡他平西王家十万兵。

热立鲁斗听罢布摩话，
乌撒家往事涌上心。
他们家布摩打的都是一样卦，
他们家兹摩信的都是一样神。
你要向这样的土司借兵马，
就好比请鬼到家来看病。

热立鲁斗转身向禄夫人开口言：
请夫人安心在乌蒙家住一阵，
我要转回水西协助宣慰使抗吴贼，
是死是活由天定。

禄夫人说道：我也随你回水西，
我只把儿子交给后家来照应。
我不信我阿爸阿妈就是铁心肠，
不肯收留安胜祖这个亲外孙。

热立鲁斗含泪把话来说明：
我来时安坤宣慰使下了死命令，
乌蒙家借不借兵是小事，
我最大的任务是送你到后家躲难运。
小主子他年幼无知离不得娘，
您要为阿哲家保住这条命根。

阿哲家有人就会有希望，
冬天火烧茅草春又生。

禄夫人听得泪淋淋，
死活不留要随他行。
乌蒙兹摩见女儿犯了牛脾气，
便把一个条件来说明：
你们母子如同意在后家躲灾难，
我愿送给水西家粮米五万斤。
三百匹战马驮粮米，
三百个兵丁随马行。
粮草运到水西家，
三百人马便是他家兵。
你若是不肯留下来，
我不会借给他家半斤粮草半个兵。

听见阿爹说了这番话，
禄夫人心中把主意来打定。
五万斤粮草虽不多，
但也算雪中送炭帮水西。

禄夫人同意留在乌蒙家，
要阿爹赶快备齐粮草备齐兵。
兵马粮草随同热立鲁斗去，
马不停蹄赶快运水西。

热立鲁斗告别乌蒙回到化角则溪，
化角家的神山就像一只威武的公鸡。

公鸡山是慕俄格大营的重要屏障，
还是水西家重要的粮草基地。

热立鲁斗的队伍来到公鸡山下，
对面的寨子里有牛角号声忽然响起。
一队兵马冲出寨门挡住去路，
兵丁们一个个弓箭在手横刀而立。

这队兵丁骑的是水西战马，
这支队伍穿的是彝家军衣。
带队的头领穿着清军战袍说着水西话，
他便是投靠了吴三挂的岔嘎哪大将军。

岔嘎哪向热立鲁斗行了个彝家礼，
说他的兵马已占领了化角则溪。
他说道：自古忠臣择主而事，
连山上的雀鸟也知道择木而栖。
平西王位高权重兵强马壮，
安坤反吴王就好比螳臂当车。
你不如和我一起归顺吴王，
我保你还做骂色官升一级。

热立鲁斗听罢怒火万丈，
大骂岔嘎哪：你不是个东西。
安宣慰使待你恩重如山百般倚重，
在水西你是高官得做骏马得骑。
你本是阿哲家嫡系子孙，
为何要背祖忘宗投向仇敌？

岔嘎哪被骂得狗血淋头还不了口，
便下令他的兵马把热立鲁斗袭击。
哪知他的兵马原地不动不听号令，
都说道水西人不愿打水西。
岔嘎哪发现大事不好择路而逃，
他的一千兵马无一个随他而去。

热立鲁斗也不去把岔嘎哪追击，
他让这些兵马与他的兵马重新集聚。
下令化角则溪的穆魁戴罪立功守住要地，
他带着这队降兵和自己的粮草去支援安坤。

十四、彭魁骂色掩护安坤突围

热立鲁斗来到安坤大营，
皮熊和安坤正为粮草不足焦急万分。
慕俄格被围困已有半月，
城外的营盘已损失殆尽。

慕俄格是水西的行政中心，
除了驻军和官员还有普通百姓。
城中分布着九十九口水井，
每口水井边上就住有二十余户居民。

守城官兵每日要吃粮米十石，
城中的居民每天要吃蔬菜万斤。
城外的物资运不进来，
城中的粮草已危急万分。

乌蒙家的粮草和援兵好比雪中送炭，
安坤和皮熊为此欣喜万分。
有了这五万斤荞麦粮米，
一时间稳住了慕俄格的军心民心。

安坤和皮熊在慕俄格死守危城，

他们对打败吴三桂有较强信心。
水西的十三则溪各家还有兵马五千，
四十八目土目的兵马也能冲锋陷阵。

他们已传令十三则溪各部穆魁，
要他们各率兵马三千向慕俄格挺进。
待到各路大军攻打吴军后路，
城中的守军便能里应外合大败吴军。

谁知那兵家事人算不如天算，
安坤和皮熊的计谋被吴三桂看破在心。
吴三桂只留六千兵马围困慕俄格大营，
三万精兵去横扫水西家各个则溪。

十三个则溪的兵马各自为战，
有几个则溪很快陷入困境。
益诺和归宗两则溪穆魁不顾忠孝气节，
他们宣布保持中立不再帮助安坤。

一个个不利的消息从城外传来，
安坤和皮熊再也不能淡定。
他们把十三则溪的穆魁细算一遍，
只有火著则溪的穆魁对他最为忠心。

安坤和皮熊决计不再死守危城，
突出重围后与火著则溪家合兵抗敌。
突围的重任交给了先锋骂色阿若卡，
阿若卡带领三千兵马杀向吴军大营。

只听得牛角声声杀声阵阵，
水西的兵马踏翻了吴家军两个大营。
阿若卡的战刀砍翻了吴军两个把总，
双方的征战杀得地暗天昏。

吴军的红衣炮弹从远处的炮营飞来，
全然不顾两军混战营里还有吴家军丁。
一发炮弹把阿若卡轰下战马，
幸得有卫士把他的尸体抢回城。

阿若卡突围不成英勇牺牲，
安坤和皮熊无限伤悲老泪纵横。
热立鲁斗在阿若卡灵前哭晕三次，
问苍天为何这样不开眼睛？

安坤和皮熊又派兵突围几次，
次次都被吴家的大炮炸回危城。
宣慰使和军师急得一筹莫展，
骂色彭魁在危急关头显忠心。

就在那愁云紧锁的宣慰衙门，
彭魁的一席话说得掷地有声：
翻山越岭能把骏马的脚力分辨，
同生共死能将部下的忠奸区分。
彭魁我不是水西的彝家汉子，
我祖上是阿哲家聘来的教书先生。
先辈从湖南岳阳来到贵州水西，
阿哲家待我彭氏义重情深。

古人云乌鸦有反哺之义，
君子道羊羔有跪乳之恩。
我身为安宣慰使帐下的汉姓骂色，
为主分忧是我应尽的本分。
愿兹摩赐我宣慰使战袍一领，
盼宣慰使赠我水西主旗杆一根。
我愿带领慕俄格的八百勇士，
在浪风台山顶设下疑兵大营。
我在大营打的是安宣慰使的旗号，
我身上穿的是安宣慰使的衣襟。
吴三桂会集中兵马向浪风台拼命攻击，
其他方向的防守必然空虚。
宣慰使和军师可乘机杀出重围，
去火著则溪收拢旧部重振军威。
只要阿哲家兹摩的旗帜还在，
水西就会像火烧茅草春来又生。

彭魁的话语说得安坤和皮熊双双泪奔，
也说得热立鲁斗和卓罗姆纠热血沸腾。
他们发誓要誓死效忠安坤宣慰使，
不惜与那吴三桂老贼以命相拼。

皮熊军师依计传下军令，
骂色彭魁率八百勇士死守浪风台大营。
热立鲁斗和卓罗姆纠带领所余兵马，
趁黑夜保护安坤宣慰使杀出重围。

彭魁骂色在浪风台升起安宣慰使的旗帜，

牛角号吹响“呢苏夺数”集结号音。
熟悉号音的岔嘎哪向吴三桂禀报，
那号音是安坤在浪风台指挥各路彝兵。

吴三桂听后传下将令，
要各路兵马把浪风台紧紧围困。
攻山时所有兵丁只用刀箭不用大炮，
他要把安坤和皮熊活捉生擒。

趁那吴三桂的兵马调头东进，
安坤和皮熊率兵杀出重围。
卓罗姆纠在前面杀出血路，
热立鲁斗在后面防范追兵。

他们的兵马来到火著阻母地，
火著则溪的穆魁率部前来相迎。
则溪府里摆好全羊席，
另杀九头肥牛慰劳兹摩大军。

安坤和皮熊已到火著则溪地，
吴三桂还以为他们在浪风台守老营。
他传令部下把各个路口紧守，
要让安坤和皮熊上天无路下地无门。

吴三桂的兵马攻山半个月，
攻不破浪风台上水西营。
攻山的人马一到半山腰，
山上的石炮就如冰雹下来迎。

岔嘎哪向吴王献毒计：
攻山寨不用红衣大炮万不能，
浪风台山高路险多歧道，
一夫当关可挡九千兵。
山上自有石岩洞，
安坤和皮熊能借岩洞暂栖身。
我们用红衣大炮攻山寨，
炸死的只是水西兵。
待我们攻上浪风台山顶，
一样可以把安坤和皮熊来生擒。

吴三桂听罢心中喜，
传令用红衣大炮把浪风台一举炸平。
吴家军的炮弹像冰雹而来，
直炸得浪风台山顶地暗天昏。
吴三桂的兵马蜂拥而来扑上山顶，
把那穿着宣慰使战袍的彭魁骂色生擒。

捉住彭魁的吴将高兴得一跳三尺，
忙派人向平西王报告捉住“安坤”。
他只怕别的将领抢了他的特大功劳，
他只盼平西王给他加官晋爵赏赐金银。

他兴高采烈地把“安坤”押到平西王大营，
请平西王为他的功劳“验明正身”。
平西王叫岔嘎哪来把“安坤”辨认，
一见面便吓得那彝奸地暗天昏。

这俘虏哪里是什么安坤宣慰使，
他分明就是水西的骂色彭魁。
他假扮宣慰使是要让吴家军把他紧紧围困，
让安坤和皮熊突出重围绝处逢生。

吴三桂一听这情况就火冒三丈，
这半个月的征战原来又是个陷阱。
他抽出宝剑向岔嘎哪厉声责问，
问他为何说浪风台是安坤的中军大营？
是不是假意投诚真心作乱？
是不是有意让他上当放走安坤？

吴三桂的追问吓得岔嘎哪浑身筛糠，
他想不到怎样辩解才能保住这条小命。
他说道：我不是假意投诚吴王，
我不是有意让您放走安坤。
只因那彭魁他打的是宣慰使的旗号，
只因那骂色吹的是水西兹摩的号声。

我和平西王一样是上当受骗，
只恨那安坤和皮熊诡计多端真假难分。
平西王若能留我一条小命，
我一定助你去剿灭皮熊和安坤。

在场的贵州总兵也帮岔嘎哪说好话，
说他对投向吴王是一片真心。
安坤和皮熊一时去向不明，
水西的家底只有岔嘎哪能分清。

他愿为岔嘎哪向平西王做出担保，
担保岔嘎哪不会对平西王怀有二心。
只要他在追剿安坤和皮熊中立下战功，
他们会上奏朝廷褒奖他的功勋。

吴三桂同意饶岔嘎哪一条狗命，
要他把安坤和皮熊的去向弄清。
如他不能在追杀安坤时立下功勋，
就要送他去见他家的笃慕[①]先人。

岔嘎哪像哈巴狗一样摇尾乞怜，
向吴三桂当面做了保证。
他一定在剿平水西中戴罪立功，
绝不敢对吴家军二意三心。

他还请求让他把彭魁来好言相劝，
劝他也来向平西王归顺投诚。
彭魁是安宣慰使手下的得力干将，
他归顺能动摇水西家的民心军心。

岔嘎哪精心备好一桌酒席，
要彭魁和他一起举杯痛饮。
彭魁骂色一顿怒骂掀翻酒席，
说高飞的雄鹰怎能与野鸡同林。

他骂道：你岔嘎哪本是阿哲家的嫡系子孙，

① 笃慕，指彝族祖先。

却要去背祖忘宗投靠欺水西的仇人。
你这样的东西猪狗不如，
我怎会与你这猪狗畜生同席共饮。

岔嘎哪被彭魁骂得狗血淋头，
恨不得把彭魁活剥生吞。
他报告主子说彭魁冥顽不化不识抬举，
要将他斩首示众在浪风台山顶。

吴三桂同意将彭魁骂色就地正法，
杀人场就选在浪风台大营。
平西王还下了一道命令，
杀彭魁的事让岔嘎哪前去执行。

彭将军昂首挺胸走上刑场，
岔嘎哪狐假虎威判了他死刑。
刽子手的屠刀还未放下，
高天上传来一声惊雷。

一阵雷雨潇潇而下，
是苍天为彭魁的壮举落泪纷纷。
吴三桂传令把彭魁暴尸三日，
夜里有万千蚂蚁为他埋了一座坟茔。

十五、安坤兵败火著阻母

彭魁用自己的鲜血和生命，
为安坤和皮熊赢得了绝路重生。
他们和火著则溪合兵一处，
手下又有了六千精兵。

他们在火著则溪扎下了两座大营，
每座大营各有三千精兵。
火著阻母的兵马由热立鲁斗统率，
火著易启的统领是阿扎穆魁。

皮熊和安坤又向各路则溪发去书信，
要他们带所部人马到火著则溪会师。
只叹那安坤的威望已今非昔比，
没有一个则溪愿给他带来所部兵丁。

有五个则溪的地盘已被吴家军马占领，
有三个则溪说他们的兵马要各自为政。
益那和归宗两个则溪已宣告中立，
说他们既不帮助吴王也不帮助安坤。

剩下的几个则溪也态度暧昧，

他们怕跟紧安坤会惹火烧身。
只有火著则溪家穆魁忠贞不贰，
他愿意与安坤和皮熊同死共生。

安坤宣慰使在大营里闷闷沉沉，
一杯又一杯把水西的荞子酒闷吞。
十二则溪各自为政不听宣慰使号令，
莫不是老天爷要亡阿哲家不成？

皮熊军师在大营中也十分愁闷，
他回想起自己此生为何总遇到克星。
在南明当丞相被孙可望悍将乱政，
到水西做军师又遇岔嘎哪背主忘恩。

莫非这世间万事皆有定数，
再强的智者也只能听天由命。
如果这阿哲家江山不复存在，
他皮熊的晚年又去何处安身？

唯有那热立鲁斗依旧精神抖擞：
横刀立马不怕山高路远坑深，
自古道兵来将挡水来土掩，
火著大营的兵马不能自己乱了战阵。
彝山的青杠树砍了又发，
水西的韭菜割了又生。
我热立鲁斗要与吴家军拼死一战，
拼他两个算赚杀一个够本！

热立鲁斗的话语让安坤和皮熊重拾信心，
他们在火著则溪用心排兵布阵。
他们要与吴三桂的兵马来个鱼死网破，
到死也不能让他们小看了水西彝人。

天上的乌云越来越厚，
山下的风声越来越紧。
吴三桂令岔嘎哪带着彝奸四处打听，
得知安坤和皮熊的大营就在火著则溪。

吴三桂亲率两万兵马前来征剿，
先锋官是他的悍将刘黑五总兵。
刘总兵舞动旌旗带领五千精兵，
一马当先向火著阻母攻击前进。

刘黑五的兵马来到火著阻母，
漫山遍野响起了牛角号声。
热立鲁斗亲率三千彝家哀兵，
像海龙翻身般杀入吴军的战阵。

热立鲁斗一马当先斩了刘黑五的两个把总，
卓罗姆纠奋不顾身扫灭了吴家两个将军。
卫队把刘黑五拼死救出，
他的五千人马已有一半殒命。

就像那老龙潭的水总舀不干，
吴三桂的兵马总杀不完。
刘黑五的兵马向后刚退了几千米，

吴家军的大炮向火著阻母发射了炮弹。

水西的人马一批批倒在阵地，
勇士的鲜血染红了绿水青山。
激烈的战斗打了三天三夜，
水西的兵马已经损失大半。

眼见水西家战败的大局已定，
安坤忍不住仰天长叹：
阿哲家祖宗神灵莫要怪我无能，
时运不济霸王也要自刎在乌江。
既然天要亡我也就不须回避，
只是水西的大仇不报我死不心甘。

热立鲁斗称：宣慰使万万不可轻生，
你肩上担负的是阿哲家的千古江山。

阿扎穆魁想出了一个退路，
让安坤到阿外惹家暂避此难。
阿外惹家也是笃慕的子孙，
他们说的也是彝话穿的也是彝装。

阿外惹家祖上也与水西一样强大，
他们的先祖也曾被封为毗那国的兹摩君长。
阿外惹家在元明两朝逐渐衰败，
但再瘦的骆驼也比马强。

阿外惹家在盘江边上还有四百平方千米封地，
四百平方千米的封地上有军政合一的十二营地盘。
十二个营就相当于水西的十二个则溪，
每一个营都有着不低于则溪的力量。

阿外惹家有难时也曾求助过阿哲家族，
他们也曾说过笃慕的子孙要有难同当。
如今水西家遭了大难，
想必他们不会不念旧情冷眼旁观。

阿扎穆魁说道：我和热立鲁斗骂色在此地阻挡吴军，
宣慰使和军师趁夜突围赶往盘江，
等到形势好转再回水西，
靠阿哲家的根基重打锣鼓另开张。
宣慰使和军师可精选百名精兵，
让十二名贴身卫士都与安宣慰使穿戴一样。
一旦他们在路上被吴家军生擒，
他们就说自己是安宣慰使本人。

阿扎穆魁的建议说得巴巴实实，
热立鲁斗的又一番话更是充满真情：
我会拼尽全力掩护兹摩突围，
为主分忧是身为部属的荣幸。
那汉家骂色彭魁都愿意舍生救主，
何况我热立鲁斗还是阿哲宗亲。
我只盼宣慰使您能到阿外惹家躲过灾难，
有机会再为阿哲家报仇雪恨。

他们的话语说得安坤老泪纵横。
他说道：自古是人强不过命运，
既然我安坤命中注定躲不过这场劫难，
我愿与大家一起同生共死。

皮熊军师这时开口进言：
安宣慰使不可辜负大家一片忠心，
你去阿外惹家避难绝不是贪生怕死，
你肩上担负着复兴水西的重任。
彝家人认的是阿哲家根深叶茂，
有你在他们就有重新崛起的信心。
水西阿哲家反的是贪官不是皇帝，
你要想办法出去把实情上奏朝廷。
大清皇帝一旦知晓真实情况，
就不会让那吴三桂任意横行。
宣慰使你身上担负着千斤重担，
切不可意气用事轻言牺牲。
你应听从建议先去阿外惹家，
护送你的卫队不要超过六十人，
兵马多了就目标太大，
不利于你金蝉脱壳绝处逢生。
我皮熊已年迈力衰不堪重用，
愿与阿扎穆魁和热立鲁斗死守老营。
如果老天爷真的要我舍生取义，
我就在这火著阻母杀身成仁。

皮熊军师的建言掷地有声，
阿扎穆魁和热立鲁斗再次含泪劝行。

安坤宣慰使满腔悲愤接受了建议，

精选了五十五名卫士由卓罗母纠带领。

十六、热立鲁斗战死皮熊被擒

卫队中有十名勇士与安坤穿一样的服装，
危难来时让他们做宣慰使的替身。
卓罗姆纠领了皮熊军师将令，
保护安坤从火著阻母的暗道突出重围。

安坤带着队伍逃遁而去，
火著阻母迎来战地的又一个黎明。
吴三桂的兵马铺天盖地四处杀来，
红衣大炮炸平了火著则溪的大营。

激烈的战斗又打了三天三夜，
吴家军的大炮轰得地裂山崩。
阿扎穆魁和热立鲁斗英勇战死，
死前看向太阳表示自己誓死的决心。

皮熊军师在混战中杀得筋疲力尽，
最后马失前蹄被吴家军的把总生擒。
吴三桂的人马找遍了战场的每一个角落，
找不到安坤的半点踪影。

皮熊军师被押到中军大营，

吴三桂亲自把他详细审问。
平西王倒也算给他个面子，
不用刑具拷打这位前朝总兵。

吴三桂当面嘲笑皮熊：
你这辈子注定一事无成。
明朝的江山气数已尽，
你偏要去帮助朱元璋那些成不了气候的子孙。
孙可望本是农民义军张献忠的残部，
朱由榔却让他在南明朝统率三军。
你皮熊与孙可望是两匹天性不同的烈马，
怎能关在一个圈里同槽共饮？
安坤本是个冥顽不化的彝家首领，
你却愿为他去排兵布阵对抗朝廷。
你是个不识天下大势的书呆子，
怎能与我这威震一方的统帅抗衡！

皮熊军师正了一下衣襟，
一席话说得吴三桂哑口无声：
我皮熊虽然在你手下屡战屡败，
但我这辈子比你这汉奸活得像人。
你先是叛变明朝归顺大顺，
随后又叛变大顺归顺大清。
两次叛变后你对故主都心狠手辣，
李闯王和永历帝都在你手里丢了性命。
狗改不了吃屎的习惯，
狼改不了吃人的天性。
别看那清朝皇帝对你百般信任，

你早晚还要背叛你的新主大清朝廷。

皮熊的话语刺进了吴三桂心灵深处，
反叛清朝的心思的确在他心底已经萌生。
他平定水西就是要先扫清这条出山通道，
他早晚要出云贵到中原自立为君。

他下令把皮熊关进死牢，
待捉住安坤后把他们一起斩草除根。
岔嘎哪这时向他报告了一个消息，
说他已把安坤的去向和路径审明问清。

向岔嘎哪出卖信息的是火著则溪的布摩，
这布摩是个经不起拷打的古稀老人。
岔嘎哪对他只使出几招刑罚手段，
他就说出了安坤要去阿外惹家避难的机密。

岔嘎哪熟悉去阿外惹家的路径，
他请求吴王派给他一千快马追兵。
他保证能在安坤到阿外惹家前把安坤擒获，
捉不回安坤他愿赌上自己的老命。

吴三桂给他精挑了一千精锐骑兵，
要他们务必把那安坤生擒。
岔嘎哪领命后二话不说，
带追兵一路狂跑昼夜兼程。

十七、安坤九里箐被擒

岔嘎哪带着追兵追了五天五夜，
还看不到安坤卫队的半点踪影。
安坤一行已到了觉口迭索的法地屯。
再走两天就能到阿外惹家的盘江边境。

也许他命中注定难逃此劫，
安坤到法地屯后居然不再前进。
只因他在营中做了一个噩梦，
梦见阿扎穆魁和热立鲁斗向他辞行。

梦中只见他们二人血肉模糊，
说他们已在火著则溪的战斗中英勇牺牲。
他们的灵魂要到洛尼山[①]去与先祖团聚，
只是没有布摩为他们招魂祭奠念指路经。

安坤在梦里也不由得老泪纵横，
醒来后传来远处的鸡鸣声声。
安坤把梦境告诉卓罗姆纠，
卓罗姆纠听后也泪流难禁。

---

① 洛尼山，相传为彝家祖宗神灵所在之处。

他们商议后决定在此停留两天，
让随行的布摩为两位亡灵开路[1]念经。
他们想此地离火著则溪已有二百五十余千米，
吴三桂的部队不会到此把他们杀绝赶尽。

随行的布摩为两位亡人做了法事，
又要找一处福地安放两位勇士的亡灵。
安坤和卓罗姆纠跟随布摩来到九里大箐，
只见这里山清水秀景色迷人。

左边的山势犹如青龙摆尾蜿蜒而下，
右边的山势好比猛虎添翼啸踞丛林。
前面的群山好比大将点兵万马归朝，
后面的靠山好比八抬大轿缓缓前行。

安坤宣慰使忽然心生感慨：
这里的风水宝地是千古难寻，
我如果哪天要成神升天而去，
也要找这样的宝地安放亡灵。

安坤的脑中不知怎么会顿生一个灵感，
他在这岩边割破手指写下奇文。
这衣襟血书写上十六个大字：
只反贪官不反皇帝，只抗吴王不反大清。

安坤要布摩化装成普通百姓回到水西，

① 开路，彝家祭祀的仪式之一。

务必把他这衣襟血书好好保存。
战乱平息后想办法送到乌蒙土司家，
一定把这衣襟血书交给禄夫人。

等哪天吴三桂在大清朝失去权势，
禄夫人可将安坤的血书上交朝廷。
要她把水西的冤情向大清皇帝申诉，
不要让后世将水西家当成贼子乱臣。

老布摩领命后带着血书前往水西，
安坤和卓罗姆纠双双走回驻地大营。
他们在营帐中美美睡了一觉，
天明后再向阿外惹家的地盘前行。

东方亮出了启明星，
寨子里的雄鸡引颈鸣。
安坤和卓罗姆纠吹响了牛角号，
带着卫队就要启程。

一声炮响从寨子外面传来，
一发炮弹飞进了安坤卫队的大营。
安坤和卓罗姆纠怎么也想不到，
这两天的停歇已决定了他们一生的命运。

岔嘎哪带着吴家军的一千骑兵，
已把法地屯的四周紧紧围困。
周边的道路已被追兵控制，
岔嘎哪传令务必要在此地生擒安坤。

卓罗姆纠带着卫队左冲右突，
杀不退漫山遍野杀来的岔嘎哪一千追兵。
他们杀出重围跑到法地屯后的九里箐，
五十五名卫队人马只剩下精卫十名。

卓罗姆纠令十名卫士都穿上安宣慰使袍服，
各朝一方把岔嘎哪的追兵吸引。
告知他们无论谁被吴三桂的追兵捉住，
都声明自己就是宣慰使安坤。

十个穿着安坤袍服的卫士分头突围，
吴三桂家的把总大吃一惊。
他分不清哪个是真的水西宣慰使，
只得派快马分头去追。

安坤卫士骑的是水西本地马，
这种马翻山越岭如履平地。
吴家军虽然人多马快弓箭硬，
追上他们也费尽九牛二虎之力。

十个卫士个个赤胆忠心武艺好，
他们以一当十斩杀了百名吴家军。
有五位卫士在马上中了敌箭，
他们牺牲后一双怒目向天睁。

有五位勇士杀得筋疲力尽被敌擒，
他们都说自己是安坤。
吴家军难辨真伪来见岔嘎哪，

岔嘎哪朝他们狂笑一声声：
你们都说自己就是安宣慰使，
你背一遍安家“喽嗌喉吐”[①]给我听。
你们在真神面前烧假香，
就不怕神仙将你们的尸体拿去喂岩鹰？

岔嘎哪说的“喽嗌喉吐”是彝族人的秘密姓，
这种秘密姓氏只有各家子孙说得清。
岔嘎哪和安坤的祖上都是阿哲家，
阿哲安家的“喽嗌喉吐”自然只有他们说得清。

被擒的卫士个个难开口，
无一个把安家“喽嗌喉吐”背得清。
这不是因为他们记性差，
只因他们都不是阿哲家本族人。

岔嘎哪传令把他们全部来斩首，
再下令部下去追击真安坤。
安坤他早已趁乱突围去，
只有卓罗姆纠与他紧相随。

可叹当时正遇下雨天，
他们在逃离路上留下马脚印。
岔嘎哪的追兵顺着脚印追，
半天后就赶上他们来到九里箐。

① 喽嗌喉吐，彝族盘家族根底时的家支彝姓。

九里箐山高林密马难行，
卓罗姆纠掩护着安坤朝山顶登。
他们此时已真正到绝路，
只盼是到了山顶能躲一阵。

他们用尽力气到山顶，
毕里岩悬崖陡壁在眼前横。
岔嘎哪的追兵已到半山腰，
漫山遍野响遍铜啰声。

前无出路后有追兵，
卓罗姆纠手提钢刀杀向敌群。
他只想在最后的时节里殊死一搏，
杀敌一个也算够本。

卓罗姆纠果然英勇绝伦，
转眼间就斩杀了十个吴家兵丁。
吴家军前仆后继不断涌来，
就像那斩不断的流水杀不完的蚁群。

卓罗姆纠抵挡不住敌方的轮番进攻，
最终被吴家军的兵丁群殴打昏。
安坤见最忠诚的爱将被敌人打倒，
拔出佩剑就要引颈自刎。

吴家军的队伍中射出一支利箭，
一箭就把他手中的宝剑射飞。
吴家的兵丁向安坤步步逼近，

直把他逼到毕里岩悬崖的边上。

安坤见自己已经无路可退，
堂堂宣慰使眼见就要被敌人生擒。
他纵身一跃跳下那百丈悬崖，
就像那高天扑向大地的一只雄鹰。

想不到悬崖的半壁上有几棵小树，
小树上又缠着一些强韧的岩藤。
安坤坠到半岩就被小树和岩藤缠住，
强烈的疼痛已把他完全震昏。

吴家军见他跳下悬崖大吃一惊，
到崖底寻找又找不见他的尸身。
他们找了半天才有了惊人发现，
安坤他原来被半岩的岩藤绊住真身。

吴家军用竹子做成了一架云梯，
派几名士兵到半岩捉住安坤。
安宣慰使到底逃不脱败军之帅的命运，
在九里箐被吴三桂的兵马生擒。

安坤和卓罗姆纠被押到吴家军大营，
岔嘎哪高居大堂分别把他们审问。
岔嘎哪喝问卓罗姆纠：
你为何要对安坤如此赤胆忠心？
你不知天下大势跟着他对抗平西王，
岂不是螳臂当车白白送了性命。

你如果像我一样早点弃暗投明，
岂不是也能骏马得骑高官得升。

卓罗姆纠狠狠地朝地上吐了一口唾沫，
大骂那岔嘎哪就是个背祖忘宗的小人。
不去帮助自己的同胞兄弟对抗邪恶，
反而去投靠那背信弃义的吴三桂奸臣：
你和吴三桂就好比那夜晚里出来的蝙蝠，
我和安坤兹摩却是那天上高飞的雄鹰。
我们今天虽然被他吴三桂生擒，
但水西的后人会为我们报仇雪恨。
别看你今日得势坐在大堂，
到明天你或许就是个十恶不赦的罪人。
你背祖忘宗杀害同胞的恶行传到后世，
你的子孙都要为你感到羞愧。

岔嘎哪喝令把卓罗姆纠押出帐外，
又传令押来了五花大绑的安坤。
他叫人给安坤解去绳索，
还给他摆了一张板凳。

岔嘎哪居高临下显示威风，
安宣慰使从容而坐横眉冷对。
未等他岔嘎哪开口说话，
安宣慰使就反客为主把他质问：
你本是阿哲家嫡系宗亲，
为何要背宗忘宗去投靠仇人？
你和我本是豆萁豆子一样的同宗兄弟，

为何要做煮豆燃豆萁的残酷事情？
我让你在宣慰府位高权重，
我让你在水西家上马管军下马管民。
我对你是巴心巴肝真心相待，
你为何对我离心离德弃义背信？

岔嘎哪听后开口狡辩，
他的话能把牯牛气脱皮毛几层：
我和你同宗共祖的确不假，
你高祖安万溢却要了我高祖乌桂的命。
为何你安万钟一脉代代都做兹摩？
为何我德额乌桂一支代代只做穆魁？
我投平西王就是要把这规矩改了过来，
我德额一支也要出我这么个水西宣慰使！

安坤看透那岔嘎哪的无耻用心，
原来他背叛水西是自己想当宣慰使。
他对岔嘎哪说出一席肺腑之语，
说得他哑口无言还有一阵心虚：
我们的祖上的确有个宣慰使之争，
但祖上的恩怨情仇不该世代传承。
我让你坐上水西家第二把交椅，
就是把历史的恩怨看得很轻。
只怪我看不透你的卑劣伎俩，
只怪我看人用人瞎了眼睛。
水西的江山败在我的手里，
我愧对阿哲家列祖列宗与父老乡亲。
要杀要剐我愿悉听尊便，

可惜你无权要了我的性命。
别看你不知羞耻洋洋得意，
你不过是吴三桂的走狗与猎鹰。
飞鸟射尽弓箭就要挂在墙上，
猎物打完猎狗就要被主人烹煮。
只要我安坤今天被吴三桂斩杀，
明天你也会有与我一样的命运。
你休想还能当什么水西宣慰使，
你不要做梦当什么彝家兹摩尊君。
吴三桂就是个翻脸无情的三姓家奴，
他的谎话只有你这无耻小人才会当真。

岔嘎哪被安坤大骂一顿，
安坤的话语说得他汗流一身。
他只怕投吴三桂是偷鸡不得倒贴米，
到头来是赔了夫人又折兵。

他已是贼船好上却难下，
也只好错误路上错路行。
他与吴家军打交道要走一步看两步，
绝不能让安坤的话语变成真。

岔嘎哪把安坤和卓罗姆纠押到慕俄格，
慕俄格已是吴三桂帅府的大本营。
岔嘎哪以为平西王要加官晋爵把他赏，
哪知道他不冷不热只从鼻孔里哼一声。

十八、安坤和皮熊壮烈牺牲

吴三桂传令带来安坤，
他要亲自把这水西彝族首领审问。
一想到自己差点在果勇迭土被安坤饿死，
他心里就有说不完的几多仇恨。

他要看一看这里的酋长是何等人物，
他要算一算这彝族首领有几两几斤。
川滇黔三省彝家土目土司多不胜数，
不可让他们毁了自己的未来前程。

吴三桂被请到大堂坐定，
左右两边坐的是四川总督和贵州总兵。
安坤被五花大绑押到大堂，
到堂前仍高昂着不屈的头颈。

吴三桂问阶下囚见胜利者为何不跪？
安宣慰使说彝家兹摩死了也还睁着眼睛。
吴三桂听罢也不再为难，
只把他心中的不满变成当面质问。

他说：那李自成纵横天下打进北京，

我吴三桂灭他就好比风卷残云。
张献忠拥兵十万屠戮四川湖广，
遇到我的人马转眼就离析分崩。
你一个边远之地的土司宣尉使，
为何会不知天高地厚想与我抗衡？
你知不知道什么东西叫蚍蜉撼树？
你晓不晓得什么事情叫螳臂当车？

安宣慰使昂着头颈说了话，
他的话语让吴三桂吃了一惊：
你吴三桂两叛故主反复无常，
天下忠臣都为你感到羞愧。
你本是大明王朝的辽东总兵，
却又背叛故主投靠了它的敌人。
你本已向李自成的大顺朝称臣认主，
转眼间又引清兵把他杀绝斩尽。
你吴三桂后脑生有反骨，
早晚你还要割据一方反叛大清。
灭水西就是为你的反叛扫平道路，
别以为你的面目不会被人看清。
我报告堂上的四川总督和贵州总兵，
我水西家反的是吴三桂不是大清。
吴三桂暴虐无道逼我不得不反，
他对我多方诬陷还调戏我的夫人。
他吴三桂为了爱妾可冲冠一怒反叛大顺，
我安宣慰使怎不会为了尊严反抗吴家军？
将来的岁月可以为我做证，
大清的忧患是吴贼不是水西。

他吴三桂说自己攻无不克战无不胜，
为何在果勇迭土差点想拔剑自刎？
灭李闯王扫南明你靠的是大清势力，
没有清王朝你会一事无成！

四川总督闻言向平西王看了一眼，
这一眼看得吴三桂胆战心惊。
他自己的心事自己知晓，
他的确打算早晚要反叛清廷。

吴三桂怕安坤再说什么不利的话语，
草草收场宣判了安坤死刑。
被判死刑的还有皮熊和卓罗姆纠，
吴三桂下令三天后在慕俄格斩首他们。

千里彝山愁云压着愁云，
八尺牢房里亮着一盏孤灯。
安坤、皮熊与卓罗姆纠关在同一牢房，
披枷戴锁寸步难行。

他们没有流泪眼观流泪眼，
他们没有断肠人遇断肠人。
他们面对死亡从容淡定，
互相安慰互相宽心。

安坤说他对不起皮熊和卓罗姆纠，
没有他安坤两位就不会丢了性命。
人生若真有个下一辈子，

愿他们三人都做个平民百姓。

皮熊说不是安坤宣慰使对不起他，
而是他皮熊对不起安坤的信任。
在果勇迭土如果不是对吴贼围而不打，
哪会有今天他们三人被斩的命运。

卓罗姆纠说他这一辈子无怨无悔，
人的一生全都是生死在天富贵由命。
这辈子他们三人同生共死共抗仇敌，
这是他们前世修来的的缘分。

人生如果真的还有下辈子，
他最想的是三人能成为亲兄弟。
三兄弟能生死相依肝胆相照，
还要向吴三桂的二世报仇雪恨。

他们三人各自诉说着自己的心事，
面对死亡时已不再是伤心落泪。
三天后他们一起昂首走向刑场，
好像是要到阴间去喝酒聚会。

他们的慷慨赴死让吴三桂大吃一惊，
他又一次领教了彝家汉子的倔强个性。
当刽子手举起了锋利的屠刀，
六月的天空突然大雪纷飞。

洁白的大雪铺满了刑场，

像棉絮般盖住了三位勇士的尸身。
勇士的亡灵直上云霄，
高天上多了三颗明亮的星星。

三颗星星照耀着水西大地，
三颗星星刺痛了吴三桂的歪心。
都说是楚虽三户亡秦必楚，
莫非吴三桂他终归要毁于这彝家人？

吴三桂想到这里吃了一惊，
把一个主意在心中来打定。
这水西之地不能再设宣慰使，
不能让那岔嘎哪再成为新安坤！

十九、兔死狗烹岔嘎哪被斩

吴三桂斩杀了水西宣慰使安坤，
又去追杀他残部的穆濯和穆魁。
十三则溪的穆魁被他斩首殆尽，
四十八目的穆濯被他们灭了三层。

益诺和归宗两个则溪早已背主中立，
最终也没有逃脱被奴役的命运。
益诺家被吴三桂敲诈白银万两，
归宗家被平西王收缴黄金千斤。

破财免灾他们保住了一条性命，
但他们家的权力已被收归朝廷。
从此他们和寻常人家一样春种秋收，
土官的威风已颜面扫尽。

岔嘎哪在追杀水西残部中卖尽力气，
吴三桂就是要让他去做个恶人。
要把安坤被杀的罪孽也让他去背上，
让岔嘎哪的家支在水西永远不得人心。

吴三桂把主意告诉了四川总督，

四川总督对平西王的打算也表示赞成。
招降岔嘎哪的贵州李总兵不敢再把他保，
岔嘎哪果然逃脱不了鸟尽弓藏兔死狗烹的悲剧命运。

那一天吴三桂在慕俄格摆下盛宴，
要招待剿灭水西中立下战功的将军。
岔嘎哪以为自己立下功劳最大，
身着盛装早早来到宴会大厅。

吴三桂在宴会厅的主宾席上坐定，
他两旁分别是四川总督和贵州总兵。
岔嘎哪以为自己也该到前排就座，
于是便挺胸抬头向前迈进。

吴三桂看他两眼大喝一声：
你这癞皮狗怎么会想到朝上席靠近？
你莫不是想要为安坤复仇，
在宴席上刺杀本王和总督总兵？

吴三桂大喝一声“来人”，
大厅外闯出几个如狼似虎的兵丁。
吴三桂传令：把这“反贼”拿下。
岔嘎哪此刻还未能从噩梦中惊醒。

他把惊诧的目光转向贵州总兵：
你许诺要保荐我做水西宣慰使，
水西宣慰使官居三品世代袭承，
怎就不能与你们同桌共饮？

贵州总兵看着他说不出话，
吴三桂接过话来大笑三声：
你们水西彝人有段古话，
且让我来说给你听。
冬天的毒蛇莫要去救，
救了毒蛇自己会被它夺去性命。
落水的疯狗不能去救，
救了疯狗你会被它伤身！
背叛祖宗的人不可与之相交，
相交这样的人会丢了人品。
会打主人的牛不可用来犁田，
用这样的牛犁田就会害了主人。
你岔嘎哪就是那冻僵的蛇和落水的狗，
你岔嘎哪就是那打人的牛和背主的人。
你还想要我们保你做水西宣慰使，
岂不是做梦娶媳妇想得天真？
我要做的是送你去见皮熊和安坤，
让你们一起到地下去见笃慕老先人。
看笃慕怎样处置你这背祖忘宗不孝辈，
让你在十八层地狱永世难翻身！

岔嘎哪被吴三桂的兵丁五花大绑，
他这时才看清平西王和李总兵的为人。
他悔恨自己为何要背祖忘宗认敌为友，
他想起了安坤当面给他的一些教训。

怎能够把石头拿来做枕头，
怎能够把坏人拿来当好人。

吴三桂他坏透心肝坏透腑，
投靠他就是羊拜老虎做干亲。

岔嘎哪强忍绑痛来站定，
向吴三桂发出悔恨后的怒吼声：
你平西王反复无常施诡计，
我岔嘎哪恨天恨地恨看错人。
在果勇迭土你就是条冻僵的蛇，
我岔嘎哪为何要把你来怜悯？
在果勇迭土你就是那落水的狗，
我岔嘎哪为何要救你出深坑？
你就是那背祖忘宗的伪君子，
你就是那背信弃义的真小人。
你曾经投了大顺又背叛了大顺，
你过去是身为明将又叛明。
吃人的虎最终难离树林子，
吃屎的狗最终难离茅屎坑。
别看大清帝封你为平西王，
你终有一天还要背叛大清。
安宣慰使一眼就把你看透，
只恨我岔嘎哪死到临头才看清。
螳螂捕蝉黄雀在后，
你早晚也是个断头人。
你我走的都是同样路，
你我安的都是一样心。
我在黄泉路上等着你，
等你到了我们才去见阎君。

岔嘎哪说了这番话，
说得吴三桂好心惊。
总督和总兵抬眼看，
平西王头上汗涔涔。

吴三桂把岔嘎哪当场来宣判，
判他个五匹烈马把尸分。
岔嘎哪仰天长啸说一句，
说他无颜到地下见安坤。

岔嘎哪投靠仇敌由人变成狗，
临死时大骂吴贼又从狗变成人。
吴三桂三天之后杀了他，
岔嘎哪的灵魂变成一只乌鸦向天飞。

他是想变成雀鸟来赎罪，
哪户人家有难他先去报个信。
水西人见到乌鸦就丢石块，
不愿见到这只报祸不报福的鬼灾星！

吴三桂杀了安坤和岔嘎哪后上奏本，
把水西和乌撒的治理全部归朝廷。
两地分设四个府，
由大清朝选用知府来管理这方人。

乌撒家兹摩此时才慌了眼，
借道给吴王是走错庙门拜错神。
但又庆幸他比阿哲家好一点，

没有被斩尽野草除尽根。

吴三桂以为永西和乌撒已平定，
他哪知死人旁边有活人。
八年后他反叛大清闹分裂，
与他苦斗的还是这水西乌撒彝家人。

二十、禄夫人为安坤设坛斋祭

安宣慰使的噩耗传到乌蒙家，
禄夫人哭得地暗天昏。
年迈的乌蒙兹摩把她百般宽慰，
禄夫人还是三天三夜水米不进。

年幼的安胜祖来到母亲榻前，
稚嫩的脸上珠泪淋淋。
这未来的水西宣慰使对母亲说了一席话，
才把禄夫人从万分悲痛的心境中唤醒：
阿妈您不要悲痛万分，
阿妈您不要水米不进。
您要好好把我抚养长大，
我长大后要为阿爹报仇雪恨。
年少的安胜祖能说出这番话语，
乌蒙家兹摩和众人听后大吃一惊。
水西家后裔不愧是大根大股[①]，
少年的话语胜过几多大人。

禄夫人听了儿子的这番话语，

① 大根大股，彝家指其基因好。

悲伤的心中也不免大吃一惊：
我儿子安胜祖他如此与众不同，
我不可辜负安坤对我们的一片苦心。

最吃惊的还要数在场的布摩兹直阿娄，
兹直阿娄在乌蒙家布摩中最是有名。
天上的事情他知晓一半，
地上的万物全装在他的胸襟。

他一听安胜祖说出那一番话语，
掐指一算便知安胜祖不是个普通凡人。
他分明是天上的文曲星降落人间，
策更祖[①] 要让他长大后去引领水西复兴。

兹直阿娄建议乌蒙兹摩为安坤做一场斋祭，
送他的亡灵早日去洛泥山见笃慕先人。
求他的灵魂在天上默佑禄夫人母子，
让他们平安无事能承担大任。

阿娄布摩的建议得到乌蒙兹摩应允，
阿娄布摩的话语也让禄夫人得到宽心。
她强忍悲痛出来料理安坤的祭奠大礼，
她决心要找时机为安坤报仇雪恨。

安坤的斋祭场地设在高山之顶，
布摩手拿枹木杈和松枝为安坤招魂。

---

① 策更祖，是彝家神话中天上的大神圣。

布摩口念彝书请来了天上的各路神圣，
要他们在阴间为安坤宣慰使一路放行。

布摩对神圣说安坤在人间是个好兹摩，
他真诚地爱抚着水西一方百姓。
是那奸臣恶魔吴三桂把他害死，
彝家的先祖要帮助他早日安息成神。

布摩祈祷安宣慰使成神后要保佑后世子孙，
要保佑好安胜祖少爷和他的母亲。
让他们母子平平安安无灾无难，
让安胜祖长大后为安坤报仇雪恨。

阿娄布摩还把吴三桂无情诅咒，
诅咒那平西王他早日遭到报应。
等哪天他罪大恶极得罪皇帝，
让皇帝下旨把他五马分尸。

诅咒他下辈子变成一只野鸡，
他这只野鸡长大后喂了岩鹰。
诅咒他下一世变成一头麋鹿，
麋鹿在山林里被豺狼虎豹生吞。

布摩做完法事向神仙献酒，
忽然有一阵阴风吹落了他的酒杯。
布摩闷闷不乐结束祭奠，
叫乌蒙兹摩家快煮熟那只祭奠的白公鸡。

鸡肉煮熟后他要看那占卜卦，
看那吹落酒杯的阴风是何原因。
看完鸡卦后布摩一声长叹，
鸡卦上显示出禄夫人母子不能在此安身。

乌蒙兹摩听罢大吃一惊，
他悲叹女儿为何这般苦命。
年纪轻轻夫君就被奸臣害死，
回后家又还不能在此安身立命。

阿娄布摩要来禄夫人的生辰八字，
翻开彝书再为她细推命运。
推完命理他向乌蒙兹摩开口言道：
您女儿命中注定还有贵人。
这贵人或许说到就到，
他会助小姐和她儿子如海龙翻身。

乌蒙兹摩听罢由忧变喜，
他要为女儿和外孙置酒压惊。
乌蒙兹摩的酒席还未摆好，
管家通报说家中有贵客临门。
这贵客原来是禄夫人的亲娘舅，
这亲娘舅是阿芋陡家兹摩君。

乌蒙兹摩迎出大门，
沧桑的脸上写满欢欣：
昨晚我梦见羊吃青草，
今天一早就来了贵人。

山上的树木要数青杠树最硬，
世间的亲戚数郎舅最亲。
你阿芋陡兹摩君是我的亲内弟，
我乌蒙兹摩的女儿是你的亲外甥。
是哪阵仙风吹你到我家？
是哪样喜气要我们共享分。

阿芋陡兹摩躬身拱手回了礼，
说出话来一语能够暖三春：
不是仙风吹我到乌蒙兹摩家，
不是我有喜事要与乌蒙兹摩共享分。
我今天是来看我的外甥女，
也倒杯旨酒献祭水西家宣慰君。

乌蒙兹摩他激动万分牵着内弟手，
满脸带笑招呼客人来到宴会厅。
宴会厅中酒席已摆好，
山珍海味待客人。

他们郎舅并排在上席坐，
乌蒙兹摩两位夫人在上席左右分。
下首坐的是阿娄布摩和禄阿香，
今天的宴席坐的全是一家人。
阿芋陡兹摩手捧一杯酒，
倒往地下敬安坤。
说道：水西家宣慰使你被奸人害，
我们三亲六戚听在耳里记在心。
安宣慰使你在天上睁眼看，

安宣慰使你在阴间慢慢行。

你阿哲家和我阿芋陡家共祖都是额雅芴[①]，

我们两家在侯诺史恒[②]才分支。

你家的仇便是我家的仇，

你家的恨便是我家的恨。

我恨不得把平西王五马分尸，

我恨不得手持利刃杀贼人。

只可惜我阿芋陡家地贫人弱力量小，

见不平事也只能够忍气又吞声。

我今天来乌蒙姐夫家只为一件事，

就是要请禄阿香到我家做个总管掌权人。

禄阿香自幼读尽古今书，

天下大势她看得清。

禄阿香在水西家见过大世面，

有本事帮阿芋陡家带富一方人。

听得这阿芋陡兹摩一席话，

乌蒙兹摩暗暗心中惊。

昨天布摩翻书说女儿另有贵人帮，

今天他娘舅就登门把她请。

他把同意女儿去舅家的主意来打定，

口中话语的意思却是另一层：

我要留她们母子在我乌蒙家，

① 额雅芴，古代彝族部族首领。

② 侯诺史恒，地名，在今云南昭通一带。

我感谢她阿舅把我闺女的事情来操心。

阿芋陡兹摩又说了话：
乌蒙兹摩姐夫你放宽心，
你乌蒙家家大业大能人多，
不需要我外甥女费尽心思来帮衬。
阿芋陡家兹摩我年老力衰精力减，
身边没有几个得力人。
我儿子今年只有十一岁，
他自己的事情都要我操心。
你就把阿香让给我，
我不会亏待自己的亲外甥。
等哪年天干时运转，
送她儿子回水西家做兹摩君。

乌蒙兹摩的二夫人此时说了话：
阿香和她儿子去阿芋陡家我放心，
阿香自幼有一身好本事，
在乌蒙家用不上就会误了人。
她能到娘舅家去把政事理，
土司与土司家自古是扁担挑水平肩人。
阿芋陡家政通人和百事顺，
也有我乌蒙家功劳十五分！

乌蒙家二夫人说这番话，
她心里本来有私心。
乌蒙家大夫人是阿芋陡兹摩的亲姐姐，
二夫人却是乌撒兹摩家的三千金。

二夫人的儿子年纪小，
正好与安胜祖是同龄人。
二夫人见安家少爷年幼能说大人话，
暗自把自己的儿子来操心。

只怕这禄阿香母子长住乌蒙家，
长大后来个鸠占鹊巢把家产分。
不如现在送他们去阿芋陡家，
免得为她儿子留下祸根。

见二夫人说了这番话，
乌蒙兹摩就知晓这女人心。
莫非这世间万般都由命运定，
算来算去还是由命不由人。

他开口说要看阿香是否愿去娘舅家，
这一切要由他们母子自己决定。
禄阿香见阿爹说此话，
已知晓他为自己来操心。

她知道那二娘不是善良之辈，
对他们母子从来都不安好心。
自己不如先去阿舅家，
阿芋陡家或许能容她安身！

禄阿香跪拜阿舅说了话：
谢谢阿舅来为我操心，
我夫君安坤被奸臣来害死，

我阿爹请布摩为他念了指路经。

三天法事已做完，

我心中的悲伤已减轻。

安坤他冤死之前有交代，

要我保住阿哲家的命根。

我儿安胜祖他还年幼，

我们母子还要靠后家大树来遮阴。

我们母子愿去阿芋陡阿舅家，

我忘不了乌蒙和阿芋陡家搭救恩。

见禄阿香说了这番话，

乌蒙兹摩吩咐快把酒来斟：

阿香她就去她阿舅家，

阿香你要把阿舅当成亲娘一样敬。

二十一、禄夫人在阿芋陡站稳脚跟

禄阿香母子就这样到了阿芋陡，
阿舅家果然把她当作当家做主的掌权人。
禄阿香母子栖身阿芋陡家八载，
最后在阿芋陡家掌了大乾坤。

阿芋陡家汉姓也姓禄，
阿芋陡家有各族百姓十万人。
阿芋陡家实行的也是兹摩宣慰制，
禄阿香阿舅也是堂堂一方兹摩君。

禄阿香来到阿芋陡禄氏土司家，
土司阿舅就传来大小头人并宗亲。
说他请外甥女禄阿香帮他来辅政，
阿香她是个大能人。

阿香对内可代兹摩土司发号令，
对外可代表阿芋陡家宣慰使做决定。
除了禄宣慰使就是阿香大，
她上马管军下马管民。

禄氏土司在阿芋陡家有绝对权威，

他的决定无一人敢公开反对。
禄氏宗亲头目嘴上不说心里嘀咕，
他们不知这阿香姑娘是何方神圣。

阿香此前与阿舅土司有过约定，
到阿芋陡后绝不能暴露她过去的身份。
免得吴三桂的人马追杀他们母子，
免得让她无法帮助阿舅兴业理政。

年轻的禄阿香也不故作客气推诿，
她要用实际行动打消他们的顾虑。
她要让阿芋陡的百姓五谷丰登六畜兴旺，
她要在阿芋陡家做到有为有位。

阿芋陡土司领地有方圆四百千米，
土司手下有二十四个苏保领头人。
苏保的首领既称“俄索”也称营长，
苏保的俄索全由禄氏宗亲担任。

苏保的下面又有若干个“苏余”，
苏余的地盘相当于今天的村寨。
苏余的首领也称为“骂裔”或队长，
队长由村中能人担任。

村里的百姓多半喂牛养羊，
地里种的多半是荞麦和马铃薯。
村里的百姓多半喜好习武，
他们平时为民战时为兵。

禄阿香在阿芋陡的职衔是总管，
阿舅禄土司是她治事理政的坚强后盾。
她用三月时间遍访了所有的苏保和苏余，
把阿芋陡家的为政得失基本弄清。

阿芋陡家的优势是阿舅的话语一言九鼎，
阿芋陡家的不足是对发展生产办法愚钝。
村里的百姓只会把牛羊撵到山上放牧，
从不知割草垫圈用牛羊积肥存粪。

他们种荞麦和马铃薯全无农家肥料，
最好的人家也就是用点草皮烧灰。
没有肥料自然就没有好的收成，
阿芋陡的百姓自然十分贫困。

禄阿香把圈养牛羊积肥种地作为头件大事，
施号发令要二十四苏保在属地认真推行。
俄索和骂裔们用圈肥种了一季庄稼，
收成的粮食居然是原来的两倍。

俄索们从此事认识了禄阿香的本事，
都夸奖禄氏土司找了个管事能人。
阿芋陡家从此开始大规模囤圈积肥，
好收成一年比一年向前迈进。

阿芋陡的百姓多半住在半山腰上，
人畜饮水总要靠人到山下的沟边去背。
奇怪的是这些人家大都喂有好马，

却不会用马儿代替人工去山下驮水。

禄阿香反复到山寨查看访问，
见到山下背水全都是各家女人。
他们养马是让男人骑到山上放羊，
从未想到可以用来驮水。

禄阿香从水西的戈阿娄家请来木匠，
打好精巧扁桶去供马儿下山驮水。
禄阿香还从乌撒家请来打井能人，
在阿芋陡的不少山寨挖出了新的水井。

马儿驮水比人背水省力省心，
有水井更改变了背水女人的命运。
当他们知晓做这好事的是土司家的新任总管，
禄阿香又一次在阿芋陡的百姓中留下口碑。

阿芋陡山高路远坑深，
崎岖的山路让骡马无法通行。
阿芋陡的百姓要买点布匹食盐，
需要人翻山越岭去背。

禄阿香知晓水西修通驿道的诸多好处，
便把修通驿道提上日程。
土司阿舅对她百般信任，
下令二十四苏保按要求认真执行。

禄阿香从水西找来指导修路的师傅，

又从她自己的钱财中献出千金。
他们用一年时间修通了九条大路，
条条大道上响着驼铃声声。

商贾增多经贸繁荣，
阿芋陡出卖羊毛的价格攀升，
让阿芋陡的百姓由此得到大利，
阿芋陡土司将这一切看在眼里喜在心。

阿芋陡的百姓过去只种荞麦和马铃薯，
荞麦和马铃薯的品种又十分单一。
禄阿香派人到乌撒家引进新的品种，
新品种的收成一季能抵两季。

禄阿香看到只种荞麦产量过低，
又引导百姓开始种植玉米。
玉米的产量胜过荞麦几倍，
阿芋陡百姓家收入一时大增。

禄阿香还从水西请来种植能手，
让他们在阿芋陡河边试种水稻两季。
试种的水稻很快获得成功，
阿芋陡的人们也吃上了大米。

阿芋陡六畜兴旺五谷丰登，
禄阿香又从水西请来了彝汉先生。
她在阿舅家土司府里办起学校，
教自己的儿子和阿芋陡子弟学习诗文。

阿芋陡家过去打仗只凭人强马壮，
从不知晓战略战术排兵布阵。
禄阿香从水西请来了骂色阿武，
帮助阿舅土司家各部苏保训练士兵。

禄阿香把阿芋陡打理得井井有条，
她在阿芋陡家的威望节节攀升。
阿舅禄氏土司把大小权力一并交付，
自己只做个不问俗务的甩手掌柜。

阿芋陡家的事业欣欣向荣，
水西和乌撒家彝族也开始劫后重生。
吴三桂把水西和乌撒两地改为四个府，
但清王朝的皇权很难在彝乡落地生根。

正好比火烧巴茅春来又生，
又好比乌云会散雨后会晴。
吴三桂的官吏不会彝语难以安民，
又只得靠各部土目在乡下安民执政。

水西和乌撒彝家土目的权势渐渐恢复，
吴三桂的府官县吏成了孤家寡人。
禄阿香把这种趋势看得十分清楚，
她思考着怎样向朝廷申冤为安坤报仇雪恨。

二十二、吴三桂叛清搞分裂割据

禄阿香想不到报仇的机会很快来到，
吴三桂在安坤逝世后八年果然举旗反清。
吴三桂打的是“反清复明”旗号，
实际上是想割据一方让百姓受苦刀兵。

吴三桂的兵马一度迅猛发展，
数年间占领川黔滇鄂湘五省，
他在湖南建立了大周伪朝自己称帝，
说要和清廷隔长江而治把天下平分。

当时的清朝已夺天下三十余年，
早已是百姓安居四海平静。
执掌乾坤的康熙帝为天下长治久安，
下决心收回兵权取消藩镇。

吴三桂手里有雄兵二十余万，
每年朝廷要支付军费九百万两白银。
吴三桂不愿丢掉兵权失去权势，
便杀死云南巡抚正式举旗反清。

大清朝实行的是总督与巡抚同省为官，

总督的官衔要高过巡抚半品。
总督可管一到三省的军政事务，
巡抚则只主管一省的民政财政。

平西王相当于云贵总督又权压总督，
云南和贵州都由他一人统领。
云南的巡抚名叫朱国治，
朱国治也是大明王朝的旧臣。

朱巡抚对天下大势看得分明，
知晓大清的江山已固民心已定。
他不愿与吴三桂割据一方举旗造反，
他不想让天下百姓再受战火刀兵。

吴三桂怒气冲天将朱国治斩首，
用他的人头祭奠旗帜号令三军。
朱国治有个族弟名叫朱国标，
他是朝廷派驻乌撒和水西的总兵。

吴三桂用他堂兄的人头祭旗造反，
朱国标心底对吴三桂埋下了深仇大恨。
当他得知吴三桂在湖南战事不顺，
便在乌撒起兵反吴为堂兄报仇雪恨。

朱国标军心不齐被吴家兵马打败，
他与卫士突出重围向深山逃遁。
他听说阿芋陡有个精明能干的女总管，
便想借她的帮助躲过吴家追兵。

禄阿香对吴三桂叛清的情况已经知晓，
正想助清平叛为安坤报仇雪恨。
朱国标的到来让她喜出望外，
她带着安坤的血书见了落难总兵。

血书上的字迹还清清楚楚，
“只反贪官不反皇帝，只抗吴王不反大清”。
她告知朱国标自己就是安坤的禄夫人，
愿联络水西和乌撒彝家各部反吴拥清。

朱国标得知禄阿香就是安坤夫人，
激动得说不出话泪湿衣襟。
他们对吴三桂都有着同样的家仇国恨，
一个被杀了兄长一个被杀了夫君。

禄阿香把起兵反吴的打算报告阿舅土司，
阿舅土司对她的决定表示赞成。
让她先派人与水西和乌撒各部土目联络，
说阿芋陡家愿与他们一起报仇雪恨。

二十三、禄夫人率旧部助清平叛

禄阿香聘任朱国标为反吴军师，
他们的关系好比当年的皮熊和安坤。
禄阿香负责联系和统领水西与乌撒的各路人马，
朱国标负责出谋划策排兵布阵。

安胜祖此时已经长大成人，
天下的兵书战策已经了然于心。
禄阿香派他带人去那水西、乌撒，
联系各部土目反吴助清。

朱国标派人给大清总督送去书信，
报告水西当年是反吴不是反清。
安坤的夫人和儿子如今愿率部下助清平叛，
盼望朝廷降旨表彰他们的忠心。

安胜祖他来到水西各部，
先率队去拜访各路安氏宗亲。
他背出了阿哲家的“喽嗌喉吐”，
无一个字乱了辈分。

阿哲家宗亲见他果然是水西少主，

一个个激动得热泪满襟。
他们对吴三桂恨得咬牙切齿，
都愿起兵为安坤宣慰使报仇雪恨。

安胜祖率队来到乌撒家，
妈姑家土目邀约了十家乌撒宗亲。
安胜祖向他们背了自家“喽嗌喉吐”，
他们便知安胜祖的确是安坤后人。

妈姑家土目宰了一头肥牛，
办十桌酒席招待了各路宗亲。
大家与安胜祖喝了血酒对天盟誓，
愿意起兵跟随禄夫人反吴助清。

安胜祖回到阿芋陡将情况报告母亲，
禄夫人已收到贝子彰泰的回信。
彰泰要禄夫人与朱国标举兵水西和乌撒，
让吴三桂的人马不能从此路退回昆明。

还说道只要禄夫人母子为平叛建立功勋，
他一定上奏朝廷为安坤平反昭雪。
他还要向朝廷上报奏本，
保举安胜祖再做水西宣慰使。

禄阿香把助清平吴的各项准备搞定，
便率三千兵马到百草坪设下大营。
水西和乌撒的各路人马也到此汇集，
他们很快就汇聚了三万大军。

她和朱国标把三万大军分成三路，
分别由安胜祖、阿武和鲁诺沙喜带领。
阿武是水西化角则溪家的领兵骂色，
鲁诺沙喜是妈姑家的带兵头领。

安胜祖的中路大军向比哪城[①]进攻，
阿武的右路大军向慕块扎戈[②]推进。
阿芋陡家兵马配合左路的鲁诺沙喜，
先把乌撒地盘上的吴军扫清。

驻乌撒的总兵马三宝曾是吴三桂的卫士，
他随平西王转战南北立下功勋。
吴三桂把他从卫士升为把总，
几年后又从把总升到总兵。

马三宝曾与朱国标大战三百回合，
差点就要了这前任总兵的老命。
朱国标对这位悍将还心有余悸，
鲁诺沙喜却有一计在胸中生成。

妈姑家土目与吴家军有过交战，
知晓他们最强的部队莫过于红衣炮兵。
他们的红衣大炮射程三四里路，
这些大炮都安放在城外的高山之顶。

---

① 比哪城，即今天的织金县城。
② 慕块扎戈，即今天的大方县城一带。

彝家勇士可乘夜色攀上高山，
抓住俘虏后请朱总兵给他们把前路指明。
愿意归顺朝廷者发给纹银百两，
想为吴三桂殉死者就地斩草除根。

真是个时运来时天从人愿，
月黑风高给鲁诺沙喜带来好运。
八百个彝家勇士摸上山顶，
转眼间就擒住睡梦中的两百个吴家炮兵。

被俘的吴家炮兵被押在大营，
朱国标上来就给他们一顿教训。
他说：那吴三桂是个反复无常的三姓家奴，
背叛了大明后又反叛了大清。
你们如果愿意调转炮口助清平叛，
我现在就发给你们百两纹银。
你们若愿随吴三桂顽抗到底，
我今天就送你们去见地府阎君。

朱国标传令将白银摆在帐前，
白银的亮光照射着俘虏们的眼睛。
他们跟随吴三桂转战多年，
每月的军饷还不到一两纹银。

这百两纹银相当于他们卖命十年，
且朱国标给的银子是一次付清。
当兵吃粮到哪家都是流血卖命，
为了银子他们愿听从朱国标的指挥。

鲁诺沙喜就这样轻松缴获了十门红衣大炮，
朱国标一席话就说服了两百名吴家炮兵。
骄横的马三宝此时还蒙在鼓里，
天亮不久就吹号集合点将派兵。

他的兵马还未走出校场，
大炮的炮弹就落入了他的大营。
他不知这彝人哪里来的大炮，
岂知这炮弹来自他的炮兵。

居高临下的炮火打得又稳又准，
马三宝的人马被炸得血肉横飞。
他带着残部突出大营，
又遇到铺天盖地杀来的一万彝兵。

朱国标一马当先冲在阵前，
他要报被马三宝战败的深仇大恨。
马三宝拍马舞刀要来厮杀交战，
鲁诺沙喜弯弓搭箭射他个鹞子翻身。

马三宝的三千精兵转眼被灭，
彝家军的一万人马攻占了乌撒古城。
禄阿香带领阿芋陡家的人马和缴获的大炮，
到比哪城去助安胜祖大战吴军。

守比哪城的吴军首领名叫陈莫则，
陈莫则是吴三桂手下的总兵。
陈总兵转战南北久历战阵，

安胜祖年轻气盛很难将他战胜。

禄阿香的援兵带来了红衣大炮，
精准的炮弹炸翻了陈莫则的大营。
陈莫则只知彝家军会弯弓搭箭提刀弄斧，
怎知晓禄阿香的银子买通了吴家炮兵。

陈莫则来不及排兵布阵对抗彝军，
禄阿香的炮火已要了他的老命。
安胜祖带领人马奋勇冲杀，
又缴获十门大炮且招降了五百名吴兵。

禄阿香把缴获的大炮组成一个炮队，
新组建的炮队就归朱国标直接指挥。
朱总兵手中有此劲旅，
增添了他为兄复仇的坚定信心。

禄阿香和安胜祖攻占了比哪城，
阿武骂色在慕块扎戈也传来了佳讯。
慕块扎戈是阿哲家神山之地，
守慕块扎戈的吴将是谢大将军。

阿武骂色本是安坤手下的悍将，
安坤兵败后他远避他乡隐姓埋名。
禄阿香把他接到阿芋陡家，
让他教练阿芋陡家人布阵排兵。

助清平叛时又让他带领一路人马，

直捣慕块扎戈向吴家军报仇雪恨。
谢将军也是平定水西时的吴家悍将，
阿武与他算是冤家遇到对头人。

阿武骂色带兵来到慕块扎戈，
让布摩摆上果品先祭奠安坤的亡灵。
布摩祈祷故宣慰使安坤在阴间默佑阿武，
让他一举灭了那吴家将军。

阿武他带领八千彝兵，
手下的六位将军个个赤膊上阵。
彝家的勇士铺天盖地杀向仇敌，
高亢的牛角声响遍四方八岭。

阿武的彝兵三战三胜，
吴家军的人马退守到浪风台大营。
浪风台三面悬崖易守难攻，
谢将军的红衣大炮几次击退彝兵。

进攻不顺让阿武脑胀头昏，
三杯烧酒把他送入一个梦境。
在梦里他见到了宣慰使安坤，
安坤说明日助他们报仇雪恨。

阿武从梦中一觉醒来，
大帐外面正是风清月明。
他把梦中情景告诉布摩，
布摩说那是宣慰使的亡魂显灵。

明日里可按宣慰使的梦语举兵进攻，
浪风台之战定能大获全胜。
天亮后阿武吹响牛角带兵冲锋，
谢将军的大炮居然一炮未鸣。

原来是昨天半夜下了大雨，
谢将军的火药全部被淋。
淋湿的火药点不响大炮，
彝家兵马一举攻破大营。

谢将军眼见大势已去骑马逃窜，
那战马慌不择路一跃跌入深坑。
赶来的阿武弯弓搭箭，
一箭射穿了谢将军的黑心。

阿武的部队进驻慕块扎戈，
安胜祖又乘胜攻下果仲古城[①]。
禄阿香在慕俄格扎下大营，
阿哲家的旗帜又插遍水西全境。

---

① 果仲古城，即今天的黔西县城。

二十四、水西兵马大败李提督

水西反吴的消息传到湖南衡阳，
已称大周伪帝的吴三桂听罢大吃一惊。
水西是他回师云南的交通要道，
怎能让安坤的后人把它占领。

他悔恨自己当年没有乘胜追击，
把阿哲家的后人全部斩草除根。
他想起了安坤临死前说的谶语，
想到安坤说的只反吴王不反大清。

这谶语是安坤留下的一个伏笔，
预示着他的后代还会反吴助清。
吴三桂又想起安坤临死前的另一句话：
楚虽三户亡秦必楚。

吴三桂不敢再往下想，
越想越觉得胆战心惊。
想他自己转战南北横扫群雄，
怎么就制服不了水西一隅的彝人？

吴三桂传令驻贵阳的伪周悍将李提督，

要他出兵把水西和乌撒一举踏平。
李提督也是杀安坤的罪魁祸首，
他就是那招降岔嘎哪的李总兵。

他的兵马渡过鸭池河直扑水西，
一路烧杀抢掠向洛博果仲挺进。
禄阿香和安胜祖亲率水西人马，
在百泥田坝周边埋下了十路伏兵。

李提督的人马气势汹汹杀将过来，
洛博果仲的防地四处清静雀鸟无声。
他们马不停蹄要攻向慕块扎戈，
百泥田坝的四周响起了牛角号声。

朱国标指挥着水西的红衣炮队，
将炮弹炸入了李提督的前锋大营。
李提督不知水西彝兵有了红衣大炮，
惊慌中率领卫队向后路撤退。

禄阿香指挥彝家的三万兵丁，
把埋伏的口袋越扎越紧。
安胜祖带领所部骁勇铁骑，
一路追杀直扑李提督的大营。

安胜祖部下有个勇猛的先锋骂色，
先锋骂色的名字叫阿诺阿维。
阿诺阿维的战马日走三千夜行八百，
阿诺阿维的战刀辉映日月撼动星辰。

阿诺阿维横刀立马向李提督发出挑战，
他愿和这吴三桂悍将以命相拼。
这李提督也是个血性武官暴躁汉子，
他提刀上马要取阿诺阿维这莽夫性命。

他们在营前你来我往大战三百回合，
直杀得天昏地暗日月不明。
阿诺阿维喊话天色已晚明日再战，
哪知道李提督乘他不备暗器伤人。

阿诺阿维被李提督暗器伤身夺去性命，
吴家军的人马乘势追杀赢了一阵。
安胜祖后退五里稳住阵脚，
李提督的人马也停止追赶就地扎营。

禄阿香与朱国标传下严令，
各路人马不能轻敌冒进。
他们只管把围困的口袋越扎越紧，
等那李提督人困马乏时我方再进军。

李提督的人马被困了足足十天，
军中的粮草已吃干用尽。
内无粮草外无救兵，
李提督眼前浮现出当年情景。

想当年吴三桂被围在水西果勇迭土，
没有粮草靠吃马肉当饭。
幸好有彝奸岔嘎哪传递信息，

当年还是他救了平西王一命。

吴三桂脱险后如海龙翻身军威大振，
两月内平水西斩彝酋杀了安坤。
想不到时间只过去十余年，
吴三桂和李提督又得到因果报应。

平西王称帝湖南被清兵紧紧围困，
李提督在水西又再次落入陷阱。
他的部队已连续吃了两天马肉，
再过几天战马就会被士兵吃尽。

没有战马怎能够厮杀征战，
他李提督想不到会如此倒运。
他下令红衣炮兵打光所有炮弹，
杀出一条血路向贵阳撤退。

二十五、岔嘎哪亡魂找李提督报仇

李提督的一万兵马损失殆尽，
百余名卫士与他勉强突出重围。
他们一路狂奔来到六广河边，
高天上雷鸣电闪黑云压城。

他们想找两只渡船逃过河去，
六广屯的寨子里传出一阵鸡鸣。
听鸡鸣声他才觉得又饿又累，
算起来也已远离了水西的追兵。

他传令部下到寨子中暂时宿营，
抢几只鸡鸭鹅饱餐一顿。
他们吃鸡鸭鹅肉时还喝了烧酒，
喝酒后他只觉自己昏昏沉沉。

昏沉中他很快进入梦境，
睡梦里他见到了一个故人。
这故人就是当年归顺他的岔嘎哪，
岔嘎哪的鬼魂前来向他索命。

只见那岔嘎哪浑身是嘴满身是血，

说出的话语让他胆战心惊：

我当年千错万错就错在听你的鬼话，

你骗我背祖忘宗帮你做狗杀人。

飞鸟尽后弓箭就被挂在墙上，

狐兔尽后猎狗就被主人煮烹。

你和吴三桂把我五马分尸，

我做鬼也要向你们报仇雪恨。

李提督从梦中惊醒过来昏昏沉沉，

水西的人马已杀入六广小镇。

带队的阿武骂色跃马扬刀，

一刀就砍断了李提督的脖颈。

二十六、吴三桂气绝身死

李提督全军覆没的消息传到湖南，
吴三桂闻讯仰天大叫：
报应报应真是报应，
想不到安坤的后人会要了我的老命。

吴三桂自昆明举旗反清，
数年间就攻占了川黔滇鄂湘五省。
福建的靖南王与他暗中勾结，
广东的平南王与他遥相呼应。

他们完全不把那年轻的康熙皇帝看在眼里，
嘲笑他削藩之举是嘴上无毛办事天真。
想不到那康熙帝宏图伟略吉人天相，
谈笑间就把几家藩王一举扫平。

吴三桂变成了孤掌难鸣独木难撑，
他在湖南自称周帝给康熙带去书信，
说他吴三桂不想渡江北伐逐鹿中原，
只想与大清隔江而治把天下平分。

平分天下必然会连年征战，
连年征战苦的是九州百姓。
苦不苦百姓吴三桂不会去管，
他信奉的是宁愿自己负天下人。

吴三桂不渡长江还另有原因，
这便是他儿子吴应熊一家还在京城。
吴应熊娶的是清太宗皇太极的公主，
论亲戚康熙帝还是他们的晚辈。

吴三桂致书要康熙放了他儿子一马，
他愿与康熙隔江而治互不相争。
他心想自己有雄兵百万南方五省，
康熙帝投鼠忌器不敢杀他儿孙。

想不到那康熙帝铁血心肠下了严令，
吴应熊及其子吴世霖被处绞。
儿孙殒命的噩耗才传来三天，
吴三桂又收到李提督兵败水西的凶信。

接连而来的打击让吴三桂一病不起，
他在病榻上昏昏沉沉噩梦缠身。
他梦见自己变成一匹骆驼，
在缺水的沙漠上艰难前行。

茫茫的沙漠一眼望不到边际，
他这匹骆驼只有自己而无主人。
他的负重量早已达到极限，

再也加不得两钱重的稻草一根。

突然间前面来了个无头之人，
那无头人说他就是水西安坤。
安坤他手拿一根小小稻草，
把那稻草放到已到极限的骆驼背上。

这一根稻草就把他压在地上，
压得他叫天天不应叫地地不灵。
他这匹骆驼只能在沙漠上默默等死，
绝不会有什么时来运转绝处逢生。

吴三桂噩梦醒来虚弱万分，
一口鲜血从他的嘴里喷了出来。
他知晓自己就是那将死的骆驼，
水西兵败就是压垮骆驼的稻草一根。

吴三桂的病情日益严重，
两月后竟在衡阳一命归阴。
康熙帝的大军渡江平叛而来，
扫荡吴三桂的残部就好比风卷残云。

大败吴三桂的清兵统帅是贝子彰泰，
他渡江后很快收复湘黔川桂几省。
吴三桂的残部想夺路水西逃回昆明，
禄阿香和安胜祖岂能让他们阴谋得逞。

他们率领彝军堵住吴家军五万残部，

彰泰和总督蔡毓荣随后带来五万清兵。

吴家军残部尽丧水西故地，

禄夫人和儿子为大清平叛建下功勋。

二十七、大清朝廷为安坤平冤昭雪

清贝子彰泰和总督蔡毓荣召见禄氏母子，
表彰他们为平叛建立功勋。
禄夫人拿出当年安坤的血书衣襟，
说水西家当年只反吴王不叛大清。

贝子和总督看血书后长叹一声，
说吴三桂当年是欺骗朝廷剿灭安坤，
如今他吴三桂已因叛清而死，
大清朝应予安坤平冤昭雪。

他们命安胜祖暂代水西和乌撒两地知府，
征军粮安百姓助他们进剿昆明。
吴三桂的余部在昆明辅佐他的孙子，
还在螳臂当车对抗平叛大军。

禄阿香和安胜祖接受彰泰任命，
征军粮千石助清兵平叛昆明。
吴三桂的残部不堪一击很快被灭，
贝子彰泰班师回朝得胜回京。

他向康熙帝呈报了禄氏母子功绩，

又报告了安坤被吴三桂诬陷实情。
康熙帝下令为安坤平反昭雪，
又下令褒奖禄夫人母子的平叛功勋。

安胜祖继续担任水西宣慰使，
禄阿香被诰封为一品衔“柔远夫人”。
只是康熙对土司为官似乎有所顾忌，
安胜祖的宣慰使只管百姓不管军政。

禄夫人和安胜祖都不是好权之人，
他们助清平吴主要是为安坤报仇雪恨。
蔡总督把朝廷的任命书送到水西，
禄氏母子跪接诏书谢帝隆恩。

他们请求为安坤办一场隆重斋祭，
来超度安坤和阵亡将士的亡灵。
贵州的总督巡抚同意了他们的打算，
盛大的祭奠仪式按彝礼在慕俄格举行。

安坤的祭场设在高山之顶，
面向东方迎接着旭日东升。
松柏扎成的翁车庄重肃穆，
牛角号吹出的悲歌传遍十里八村。

主祭的布摩兹直阿娄身着祭褂法袍，
口述经书请来了天上的各路神圣。

神圣的最高尊位是策更祖和“恒度府”[①]。
两边排着“铺仇叩”“蒙皮耐”[②]和日月神。

兹直阿娄用旨酒香茶祭奠各路神圣，
祈祷他们在天上保佑安坤的亡灵。
还祈祷他们保佑水西的所有阵亡将士，
保佑他们在仙界早早超生。

兹直阿娄叙述着安坤当年被害情景，
悲伤的老泪打湿了他的衣襟。
兹直阿娄又用彝话告诉安坤和各路神圣，
禄夫人和安胜祖已为阿哲家报仇雪恨。

可恶的吴三桂已被阎王收去，
平西王的叛乱已被朝廷平定。
禄夫人母子助清平叛立下功勋，
安胜祖已被朝廷分封为水西宣慰使。

安胜祖的彝名叫兹摩阿格，
他要为阿哲家继往开来承担重任。
禄夫人是水西家聪慧的女主人，
朝廷已封她为“柔远夫人”。

兹直阿娄布摩叙述完，
四十五个布摩齐诵彝家解冤经。

---

① 恒度府，与策更祖一样，都是彝家神话中天上的大神圣。
② 铺仇叩、蒙皮耐，也是彝家传说中天上的大神圣。

经书诵了六七四十二天，
又用七天来供各部姻亲献供祭品。

扯勒家兹摩前来给安坤下祭，
他用黄牛百头祭奠扯勒家外孙。
芒部兹摩也来给安坤下祭，
他家用好米百石来祭奠芒部家姻亲。

乌撒家兹摩前来给安坤下祭，
用肥羊千只祭奠这位表亲。
祭礼最多的要数乌蒙和阿芋陡家两位兹摩，
他们的祭礼各是一石二斗瓜子金。

安坤和阵亡将士的祭祀礼办了七七四十九天，
水西的四十八目土目全部表了忠心。
他们愿意用真心辅佐阿哲家安胜祖宣慰使，
让水西的江山秀美百姓安居。

安坤的祭礼宣告完毕，
水西的天空飘来五彩祥云。
布摩说那是安坤在天上开心含笑，
他要保佑好水西的后代子孙！

二十八、安胜祖顺应时势改土归流

禄夫人与安胜祖祭奠完安坤神灵，
协助安胜祖承担起水西宣慰使的历史责任。
他们按照朝廷的旨意只管民政，
解散了助清平叛时的全部彝兵。

送阿芋陡家的人马回故乡，
禄夫人送他们每人十两纹银。
水西和乌撒的彝兵也领了银子，
他们都高兴地回家春种秋收。

安胜祖和禄夫人带领百姓修桥铺路，
水西大地的江山在战后美丽重生。
数十年不见兵荒马乱烽烟四起，
有的是山川秀丽五谷丰登。

他乡的商贾驮来盐巴布匹，
外省的先生到水西教书育人。
水西的良马药材卖出省外，
水西的百姓见到了白银真金。

太平的日子过得好快，

禄夫人年过七十驾鹤西归。
水西的百姓漫天泪雨为她泣祭，
朝廷的使者也专程前来诵读祭文。

禄夫人魂归仙界与安坤团聚，
水西的天上又多了一颗明亮的星星。
禄夫人去世时安胜祖已年过半百，
他膝下却没有一男半丁。

他为失去阿母万分悲痛，
他也为膝下无儿痛苦万分。
他和禄夫人历尽艰辛才复兴了水西故地，
阿哲家的江山怎么会后继无人。

悲痛中他一病就是半月，
生病中他进了个奇怪的梦境。
安坤和禄夫人双双来到他的床前，
说策更祖要他们劝安胜祖顺天承运。

既然安胜祖的膝下已无男丁，
阿哲家子孙就不必再承袭水西宣慰使。
当年岔嘎哪背祖忘宗投靠仇人，
原因就是他祖上与安坤之祖曾为袭职相争。

水西的宣慰使如果再由阿哲家子孙相争，
岔嘎哪这样的人物就会再度产生。
如果将宣慰使的权力交回皇上，
阿哲家子孙就能永享太平。

阿哲家的后代要熟读儒家诗书，
与全国的子弟一起去考进士举人。
水西彝家子弟如能去朝廷为官，
比他们世守水西还会更有出息。

安胜祖从梦中一觉醒来，
顿觉大病已愈浑身有劲。
梦中的情景历历在目，
阿爹阿妈的话语句句在心。

他想这话语既然是策更祖的神仙旨意，
他不能病好后就来个抗旨不遵。
他请来布摩用旗卦和鸡卦占卜此事，
布摩说他梦中的话语句句是真。

安胜祖向清朝皇帝写出报告，
他去世后阿哲家不再承袭水西宣慰使。
水西的事务让朝廷派流官治理，
只盼朝廷让彝家后代参与科考功名。

想做官的后代要多读诗书，
靠自己的本事参与科考竞争。
想赚钱的后代要农商并茂，
绝不靠坐吃祖上田业老本。

安胜祖的报告送到大清皇帝手里，
皇帝越看越觉得万般开心。
他本来就决定在边疆地区改土归流，

安胜祖的报告给了他现存范本。

他批示水西宣慰使不再世袭，
州县官府要善待好水西百姓和土司后人。
其他的土司也要走阿哲家的道路，
改土归流后不再将土司之位传给子孙。

安胜祖成了最后一任水西宣慰使，
阿哲家人从此不再做土司受封朝廷。
大清皇帝不久后就改土归流，
其他省区不愿改制的土司被杀去两成。

改土归流曾几度在边关烽烟四起，
唯有水西之地万事皆顺月朗风清。
水西的后辈与时俱进耕读传家，
在清代就出了不少高官学者和秀才举人。

尾歌

院坝里的篝火剩火星，
寨子里的雄鸡引颈鸣。
吴三桂与安坤的故事传了一代又一代，
水西的江山转眼已过了三百多个春秋。

老人把水西的故事讲到这里，
激动的泪水湿透了他的衣襟。
听故事的人们依依不舍感叹而去，
雄鸡的歌唱唤醒了彝寨的黎明。

附录一

彝文古籍

《西南彝志·叙默支系》（节选）

叙默支系

妥阿哲世系

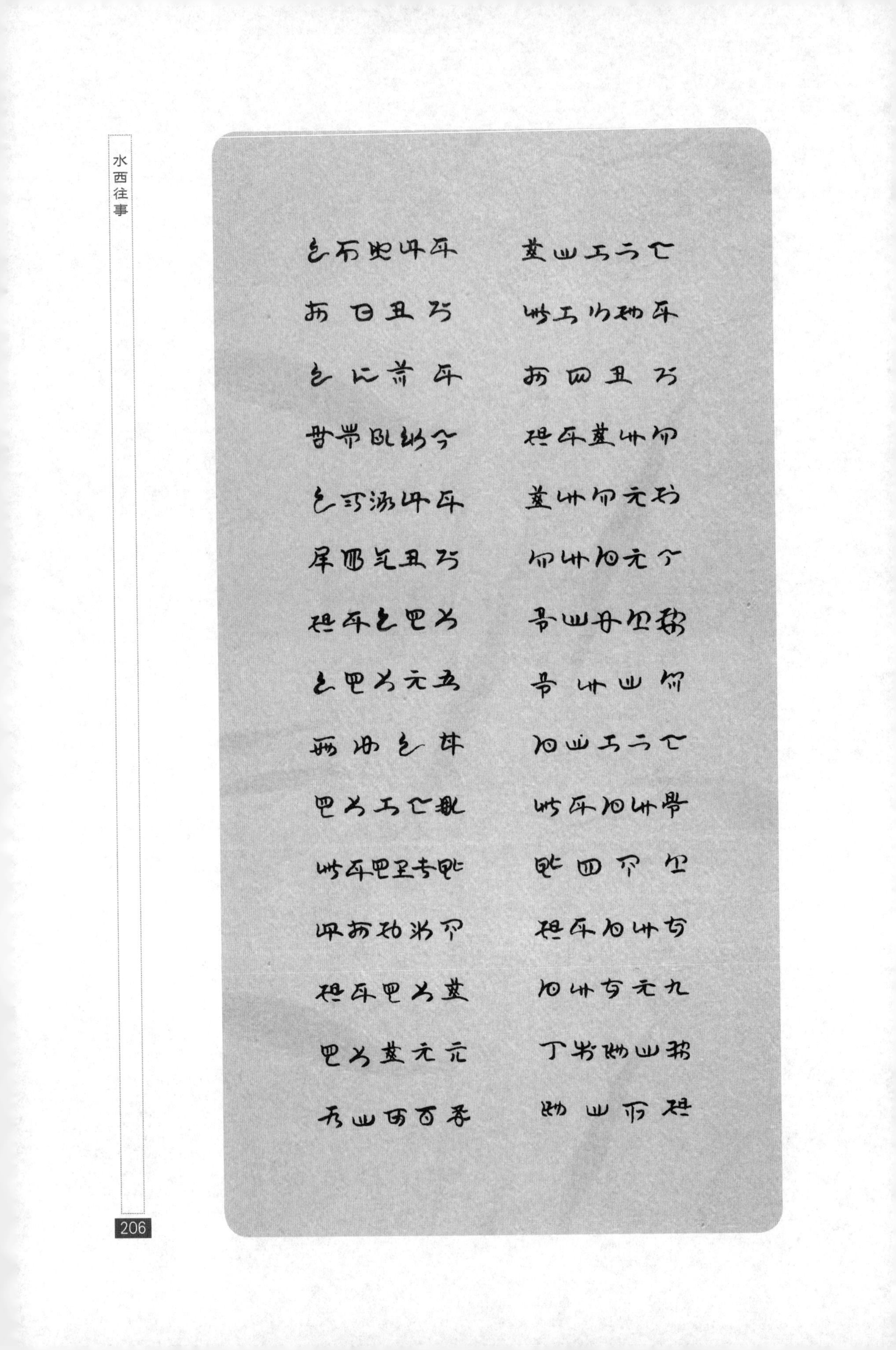

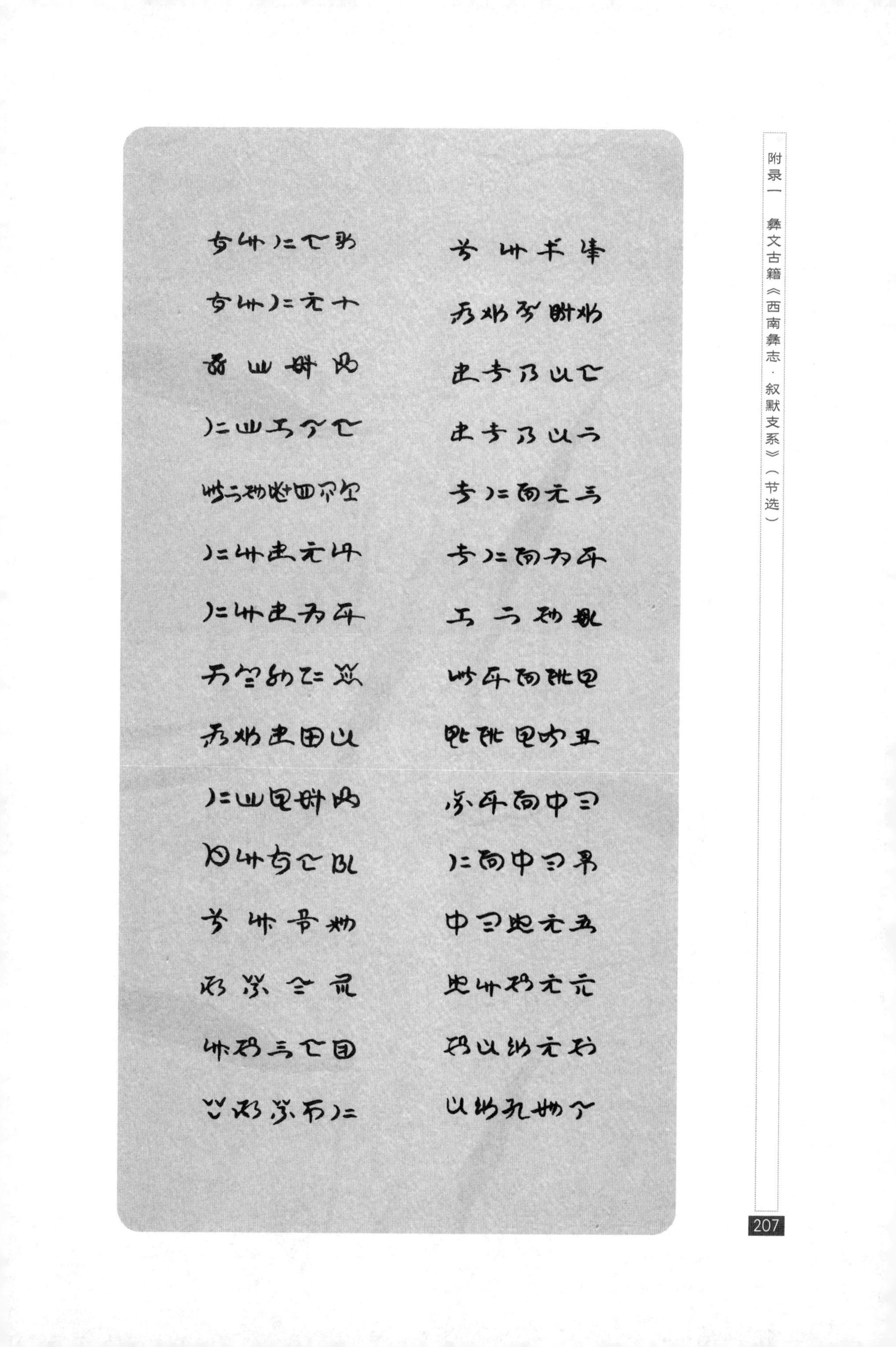

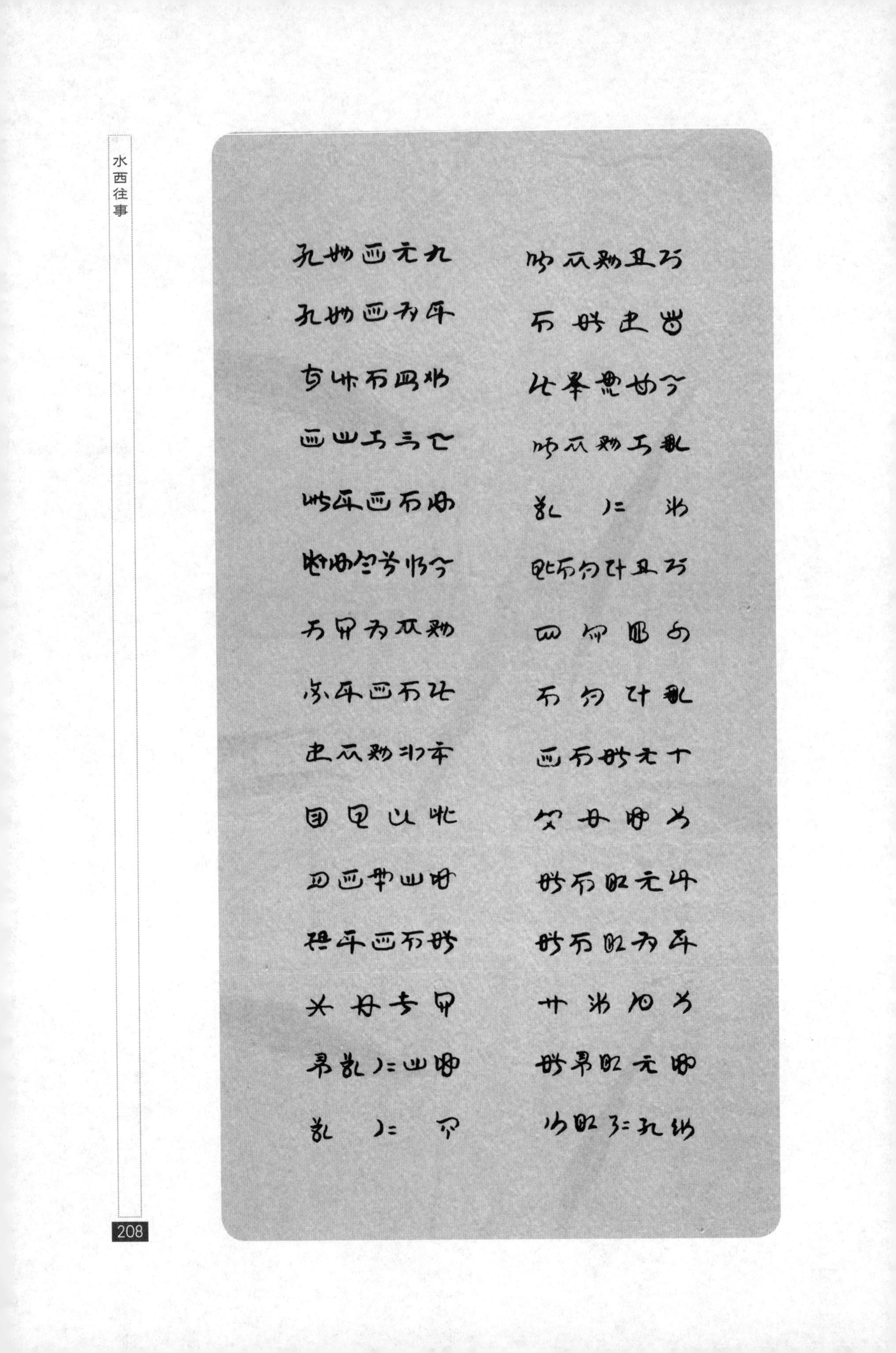

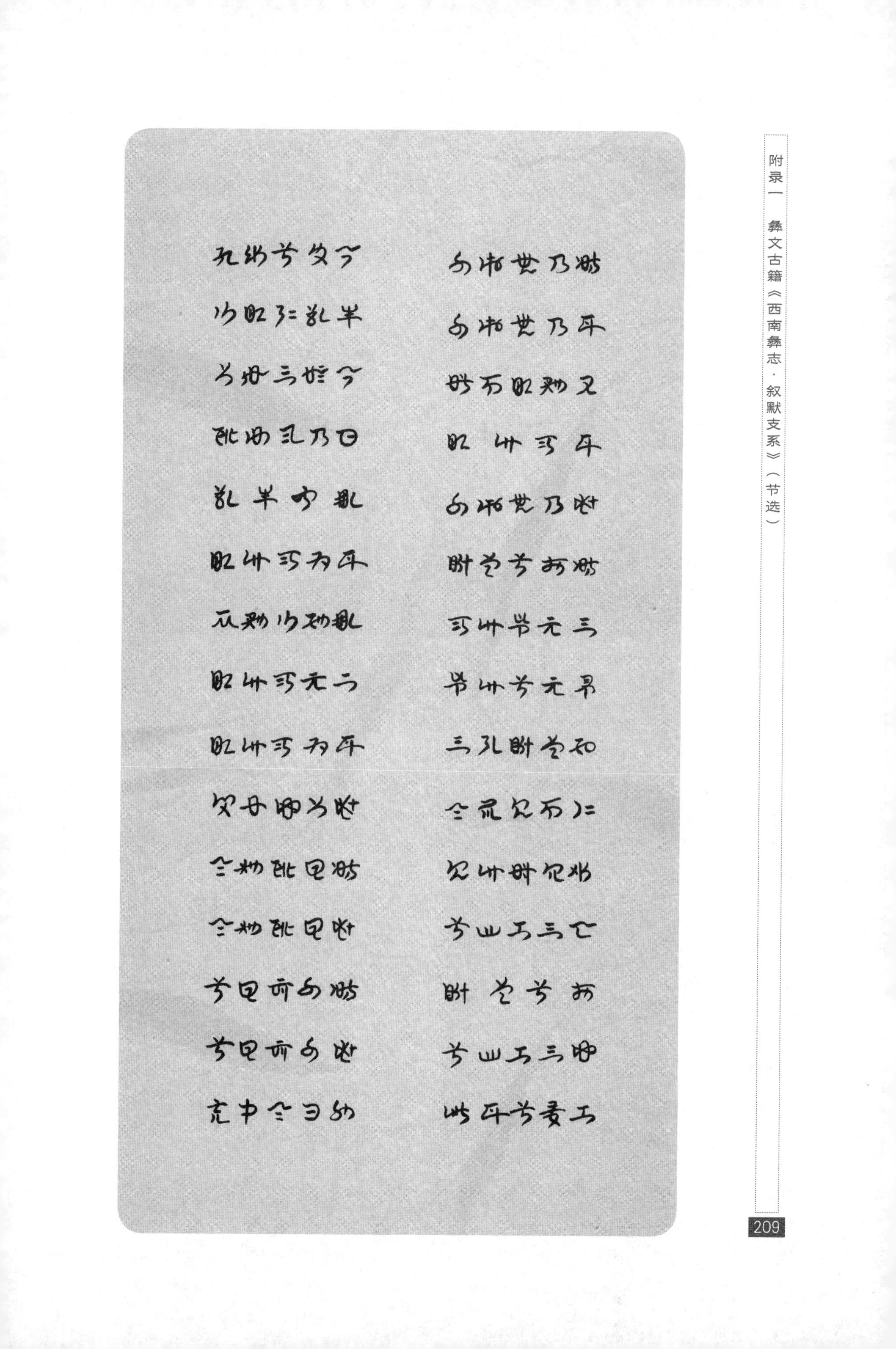

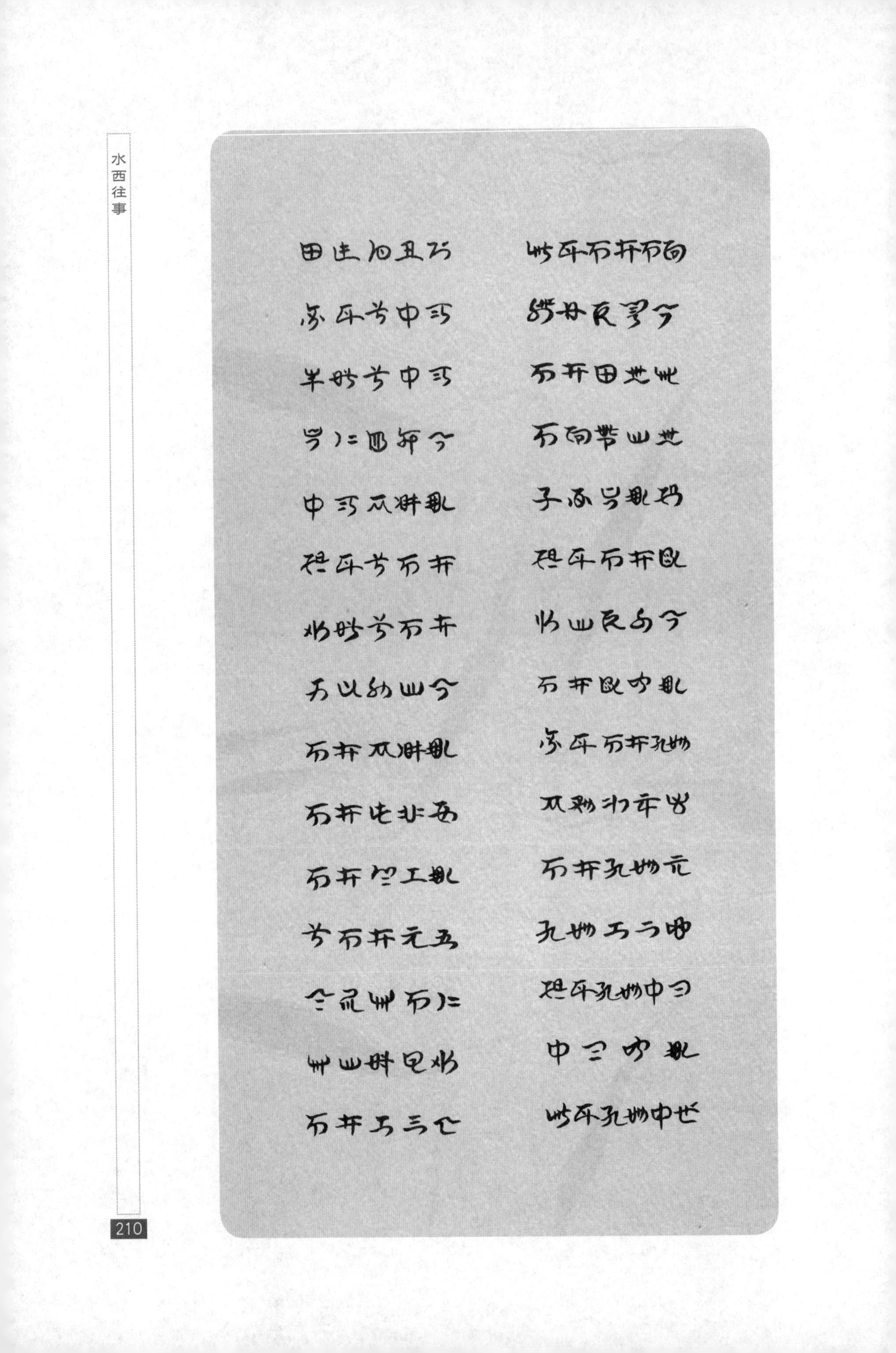

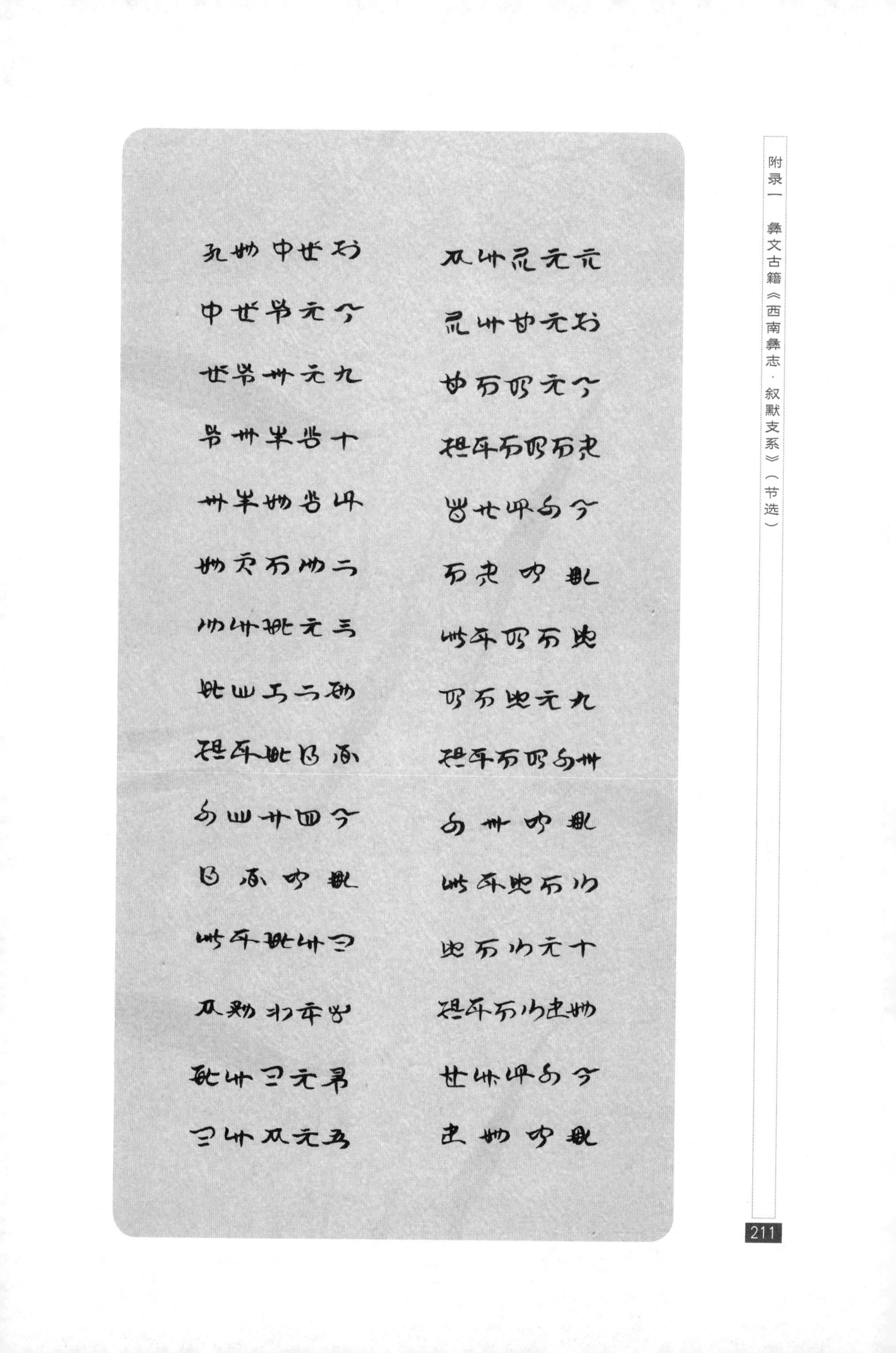

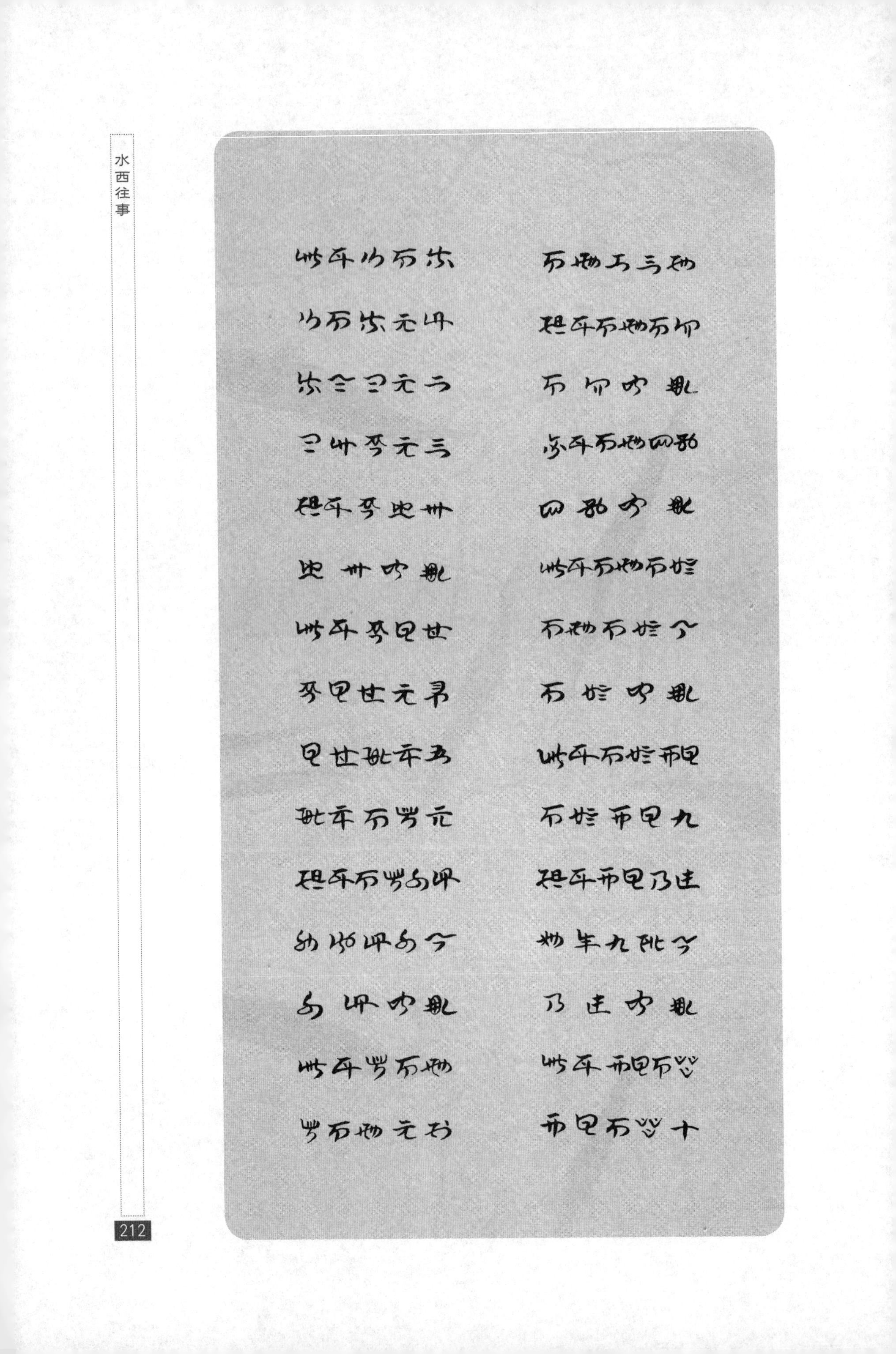

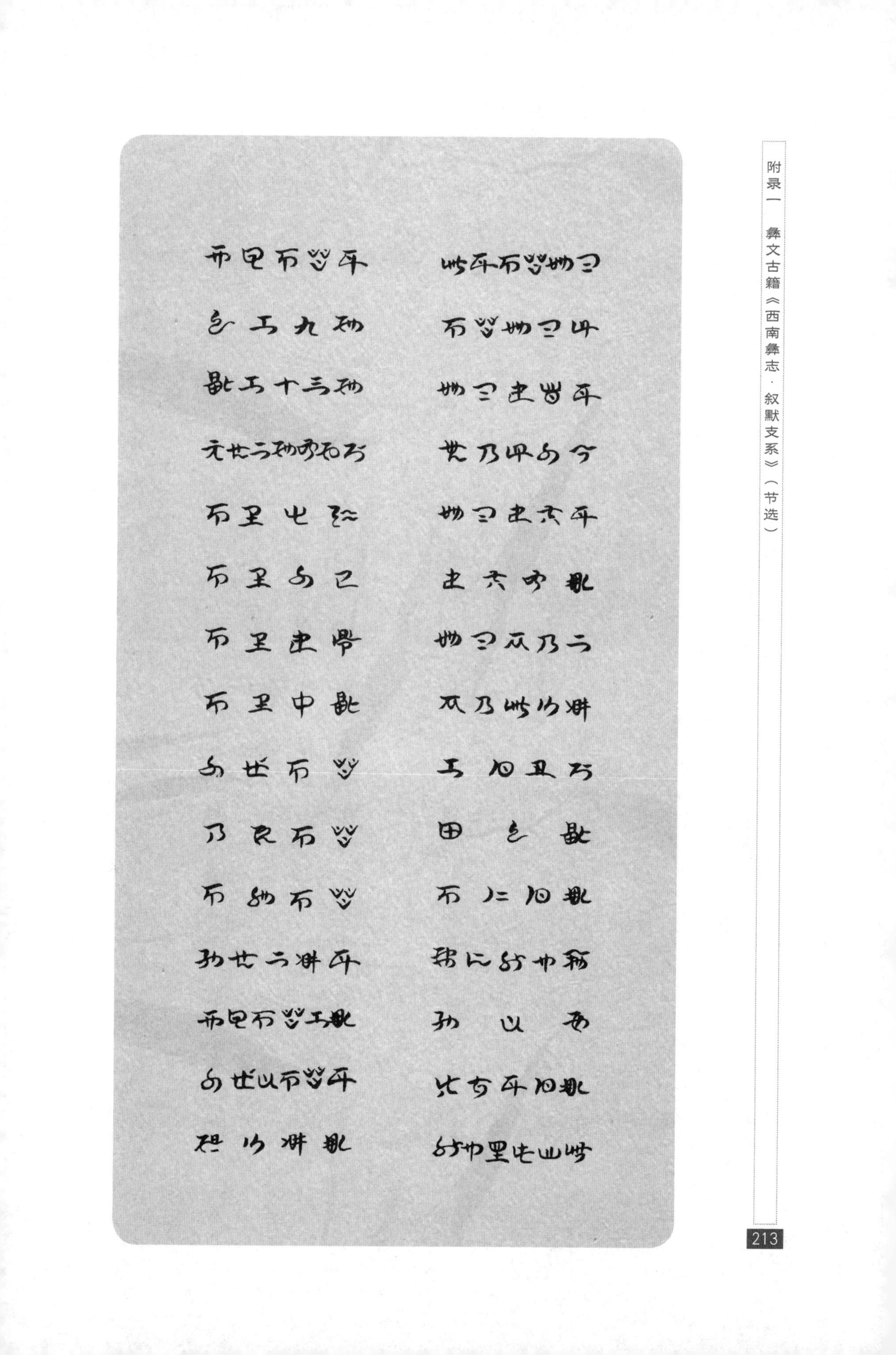

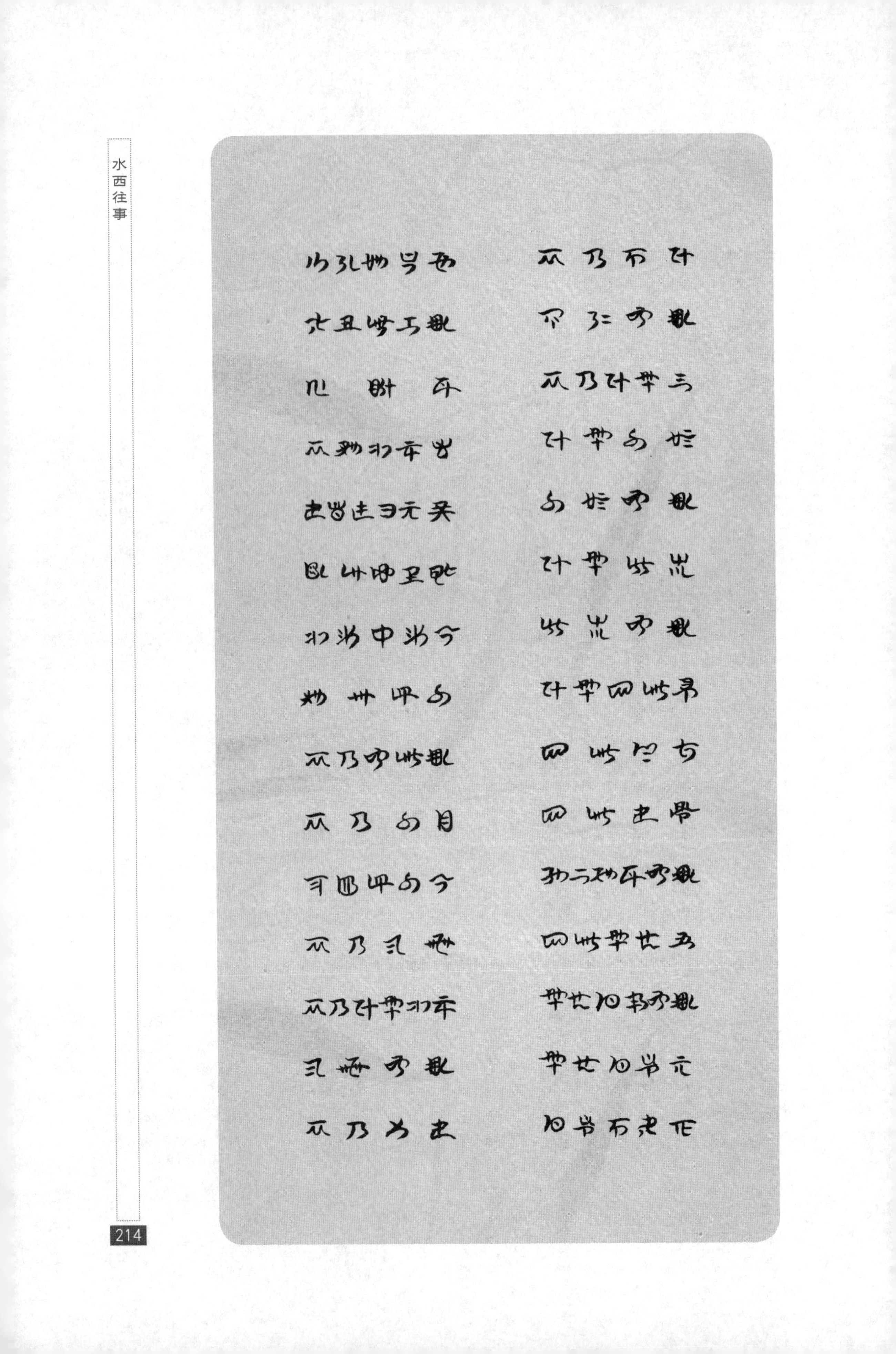

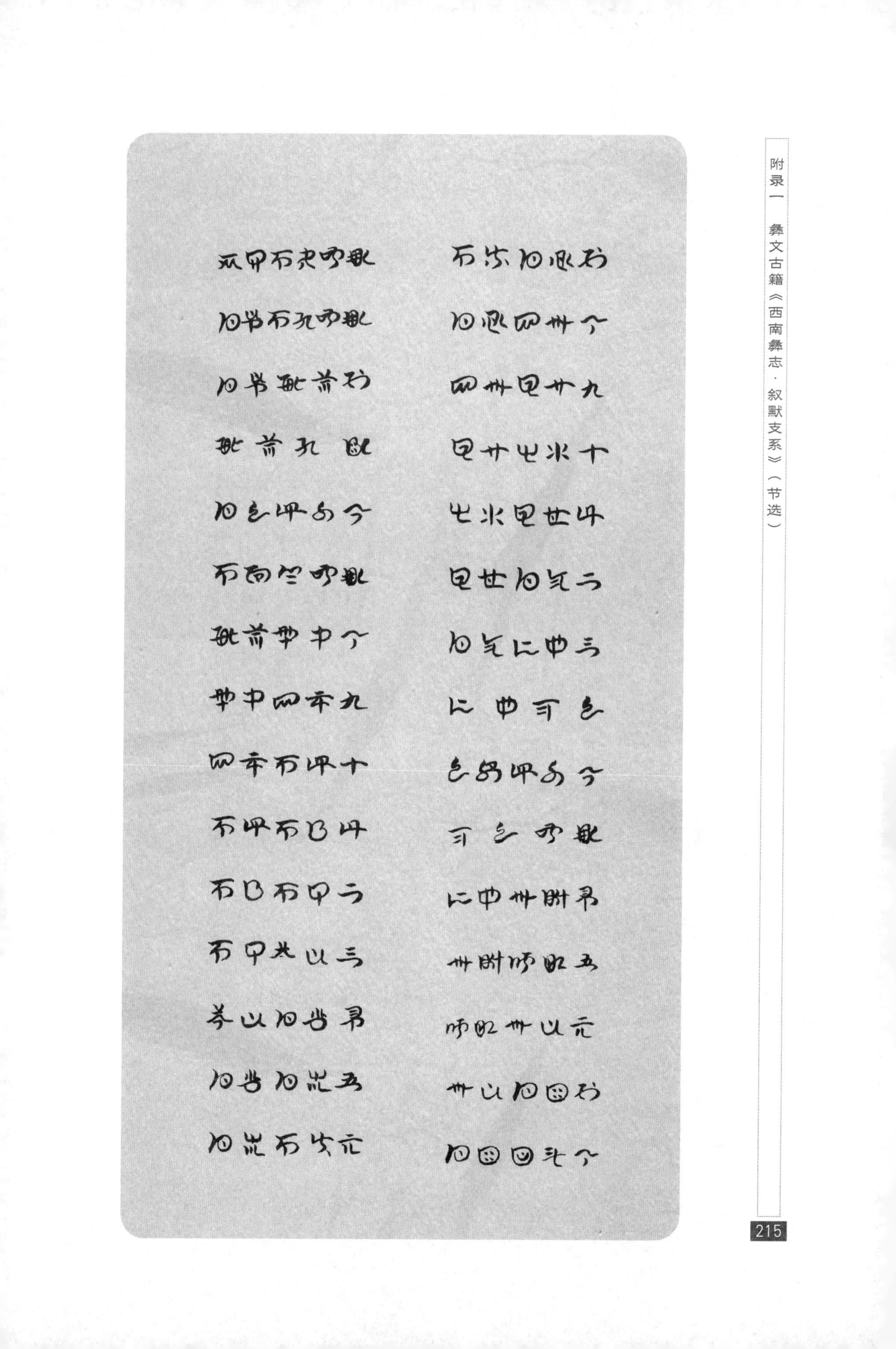

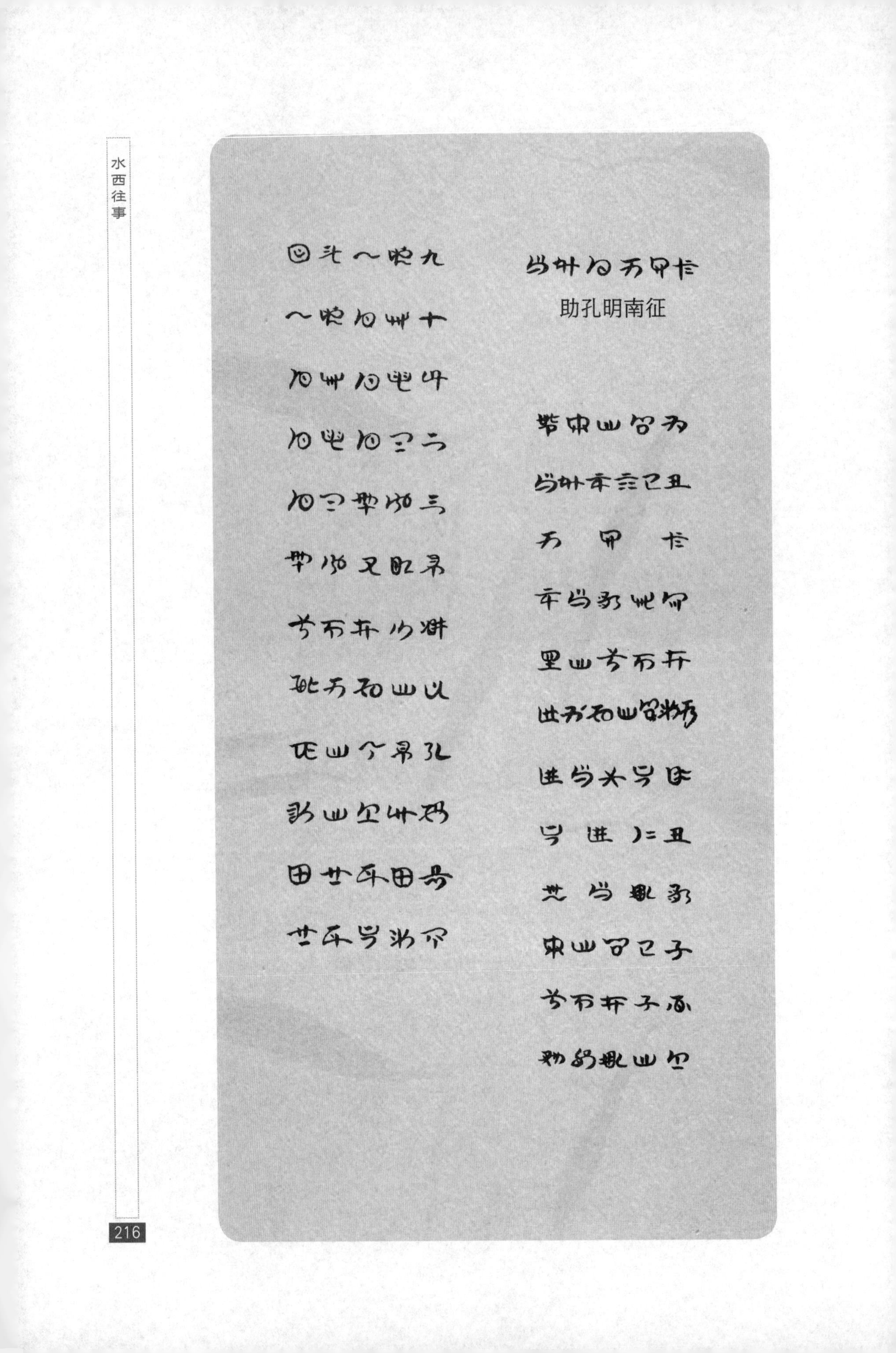

助孔明南征

奢香进京

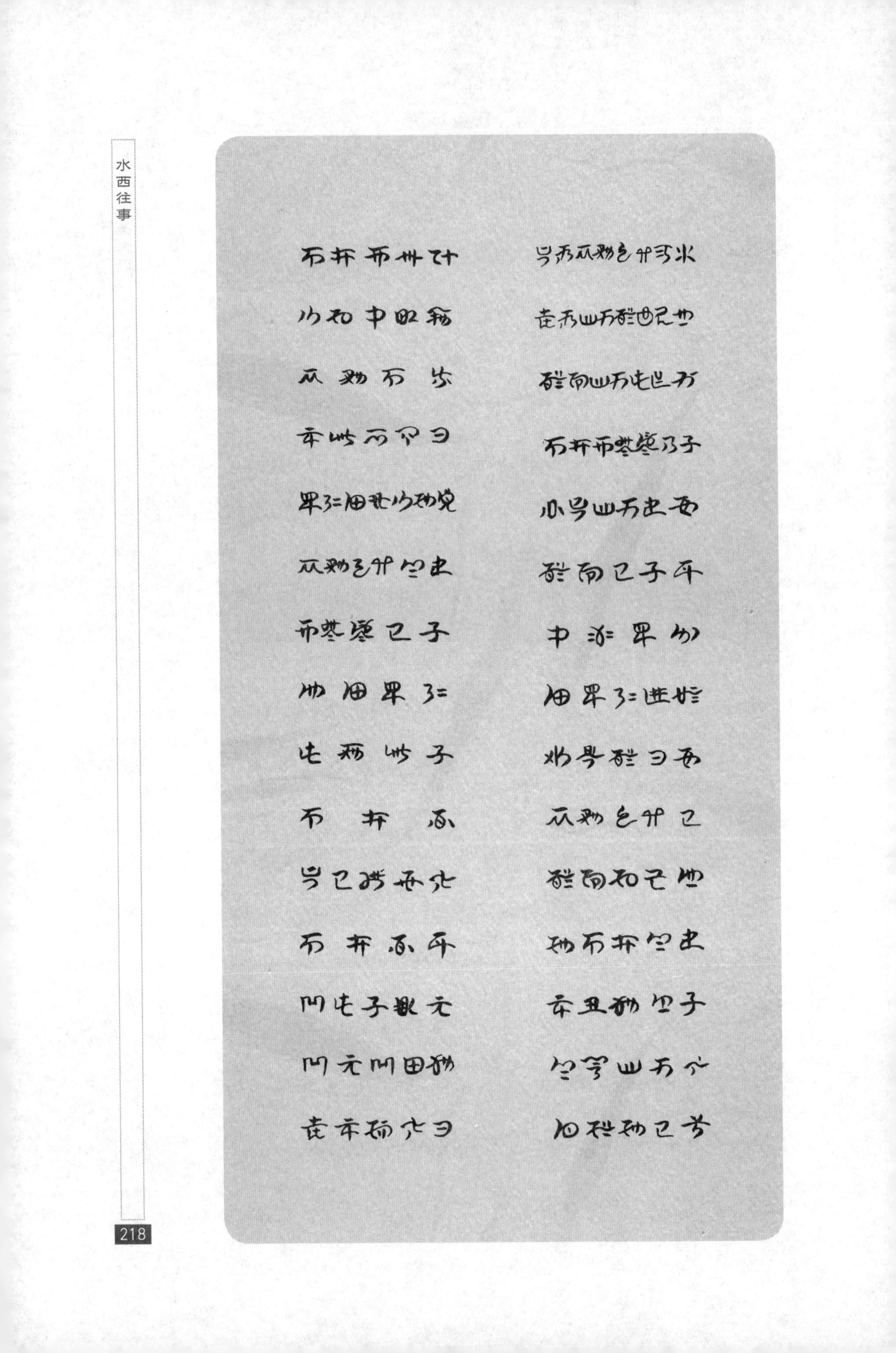

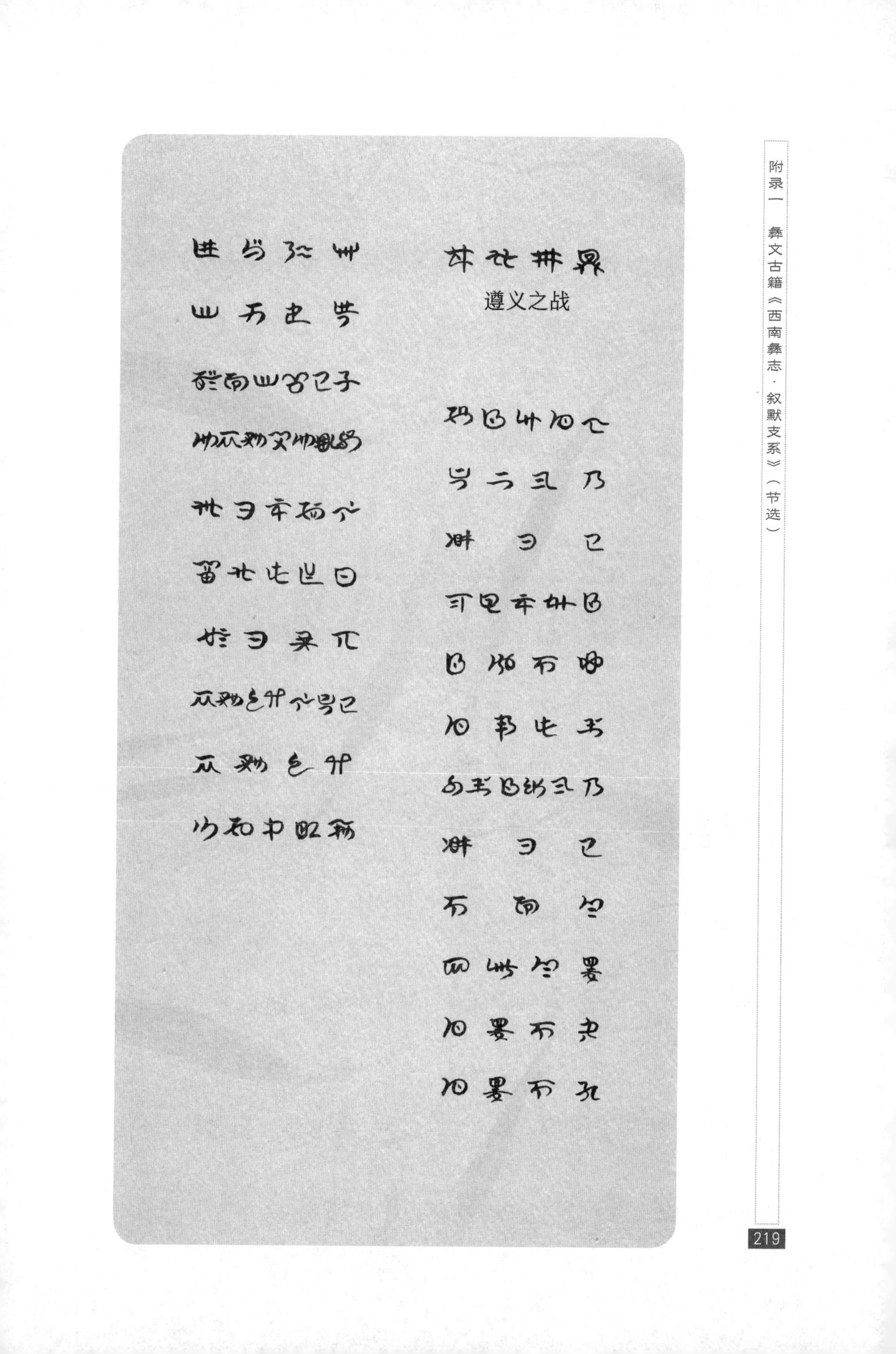

遵义之战

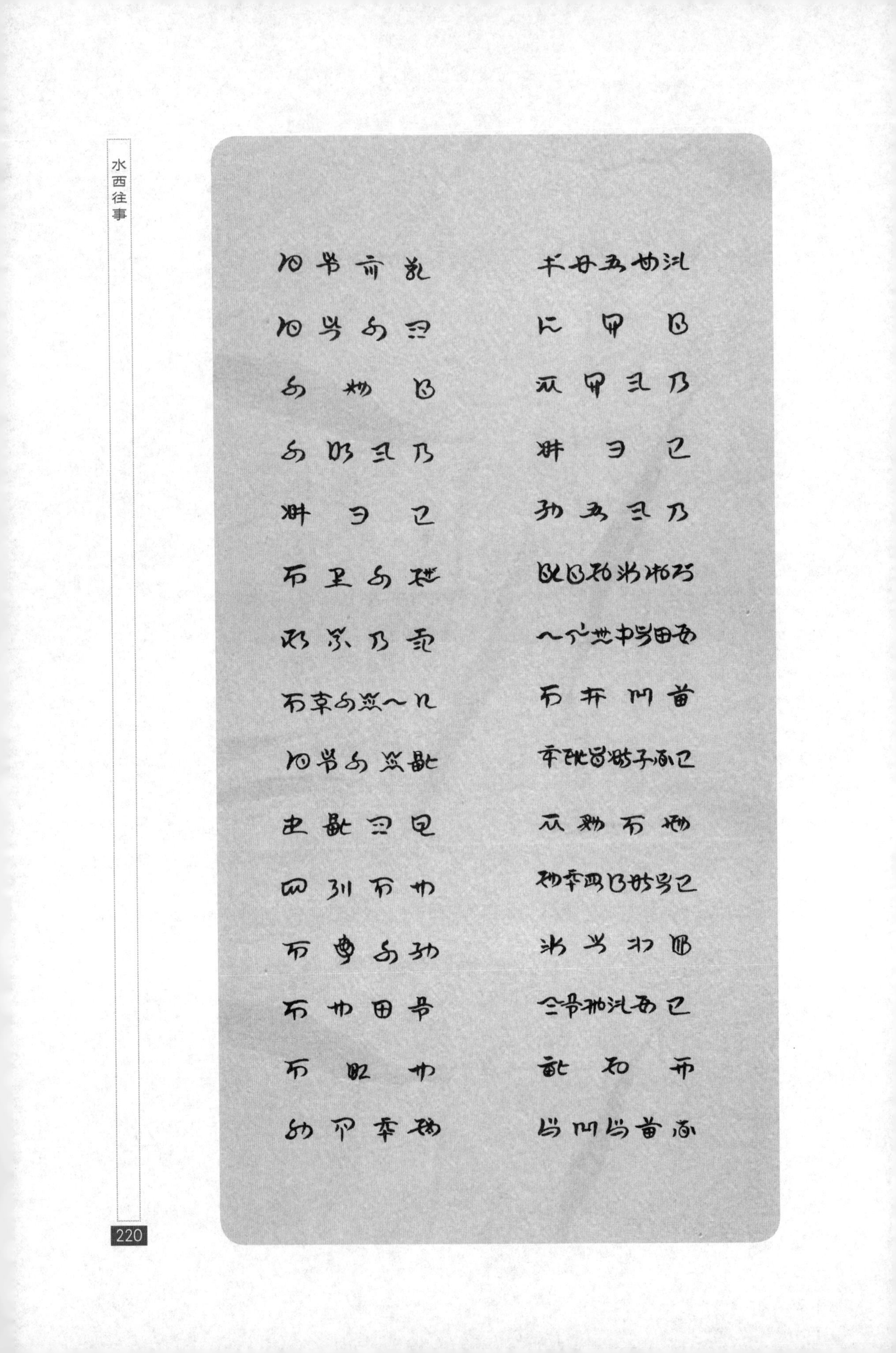

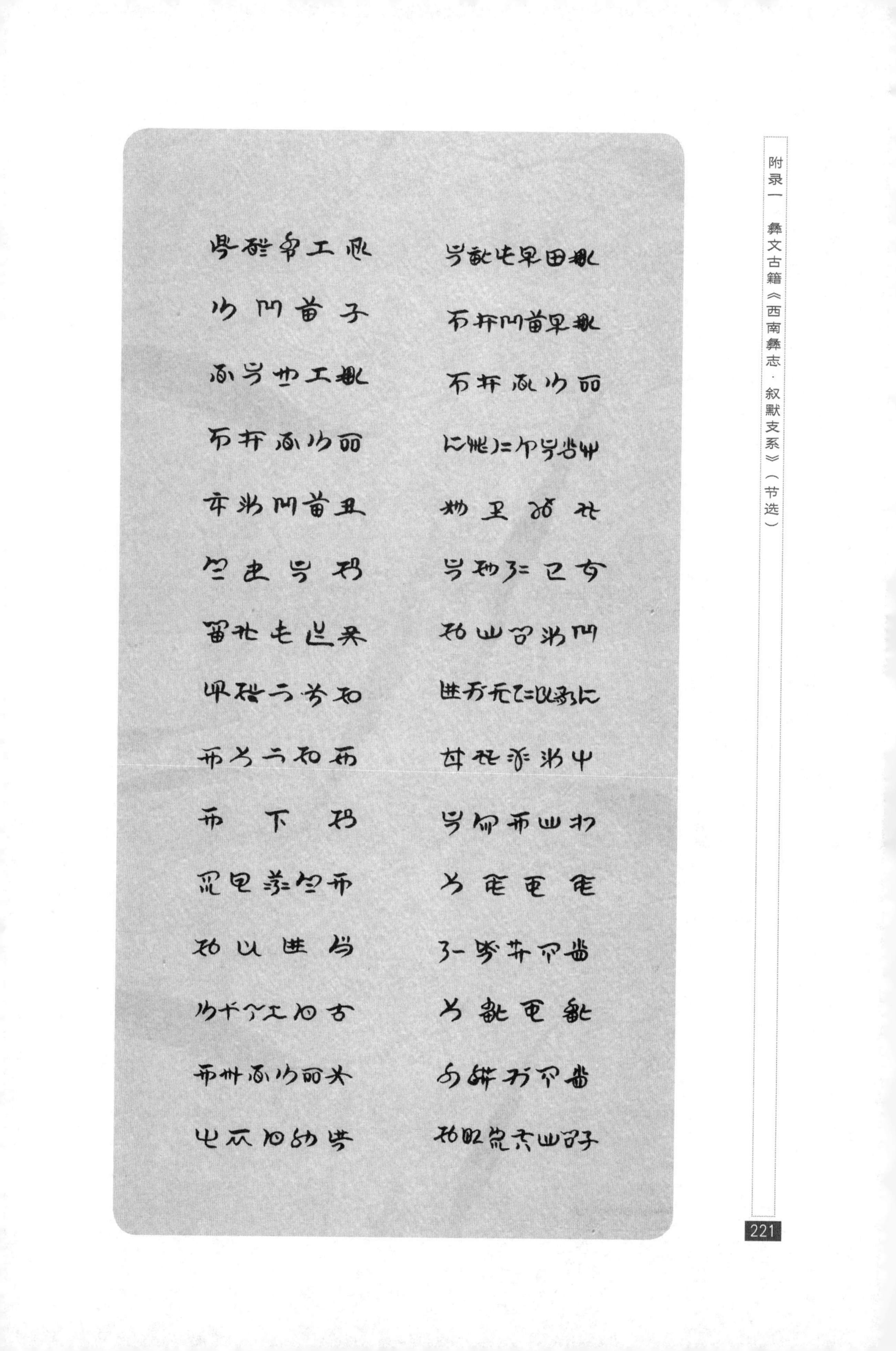

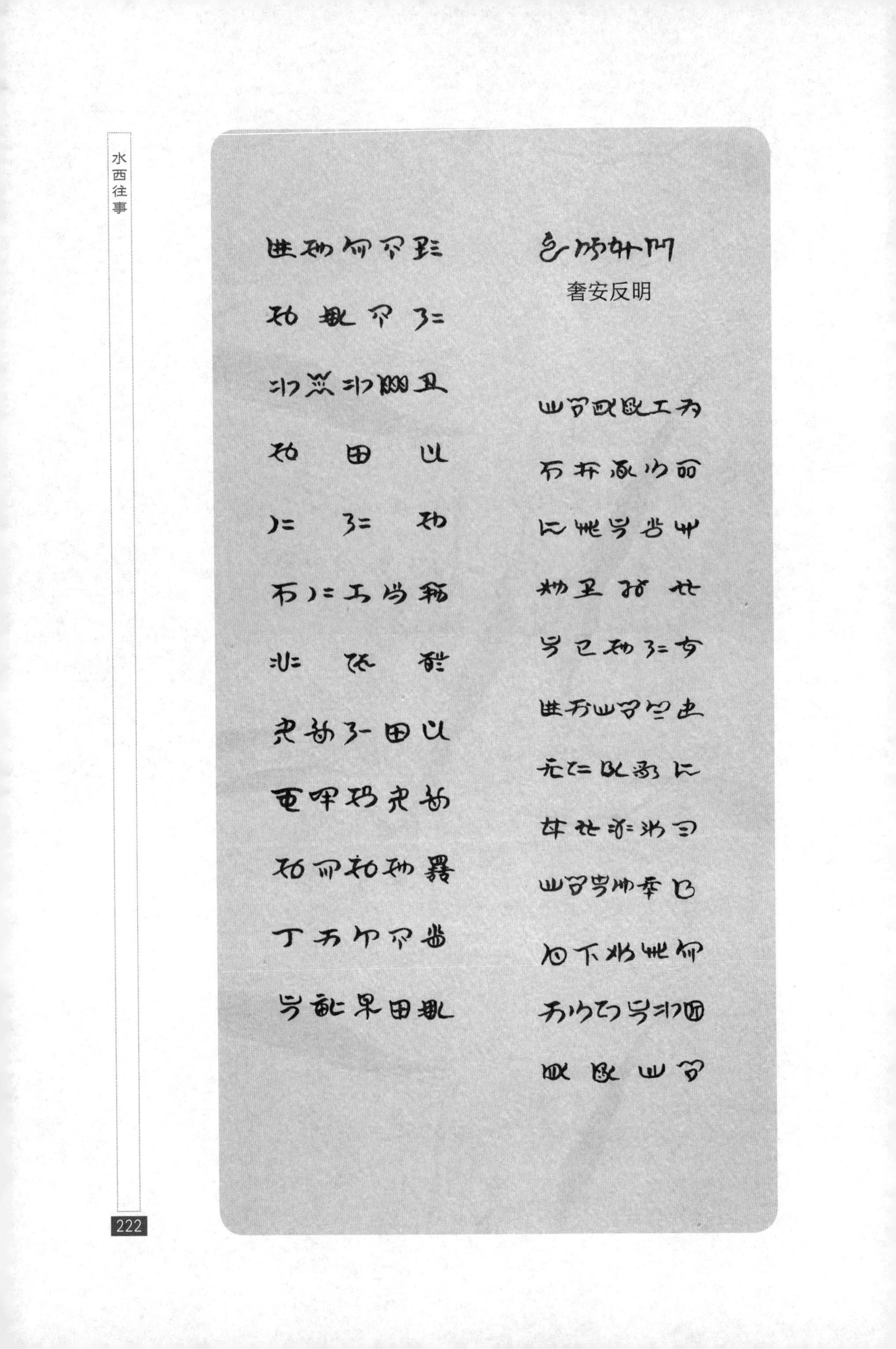

奢安反明

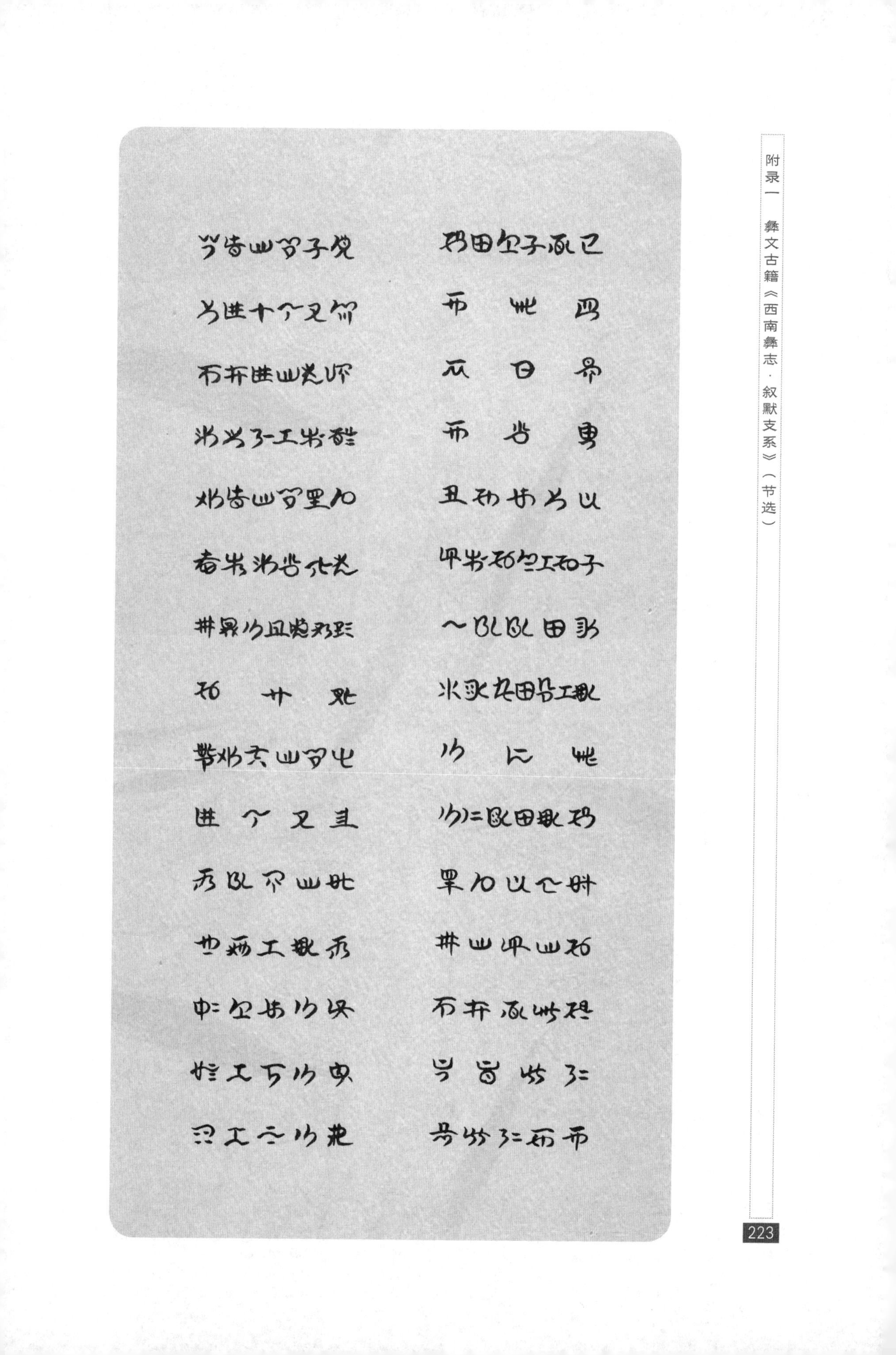

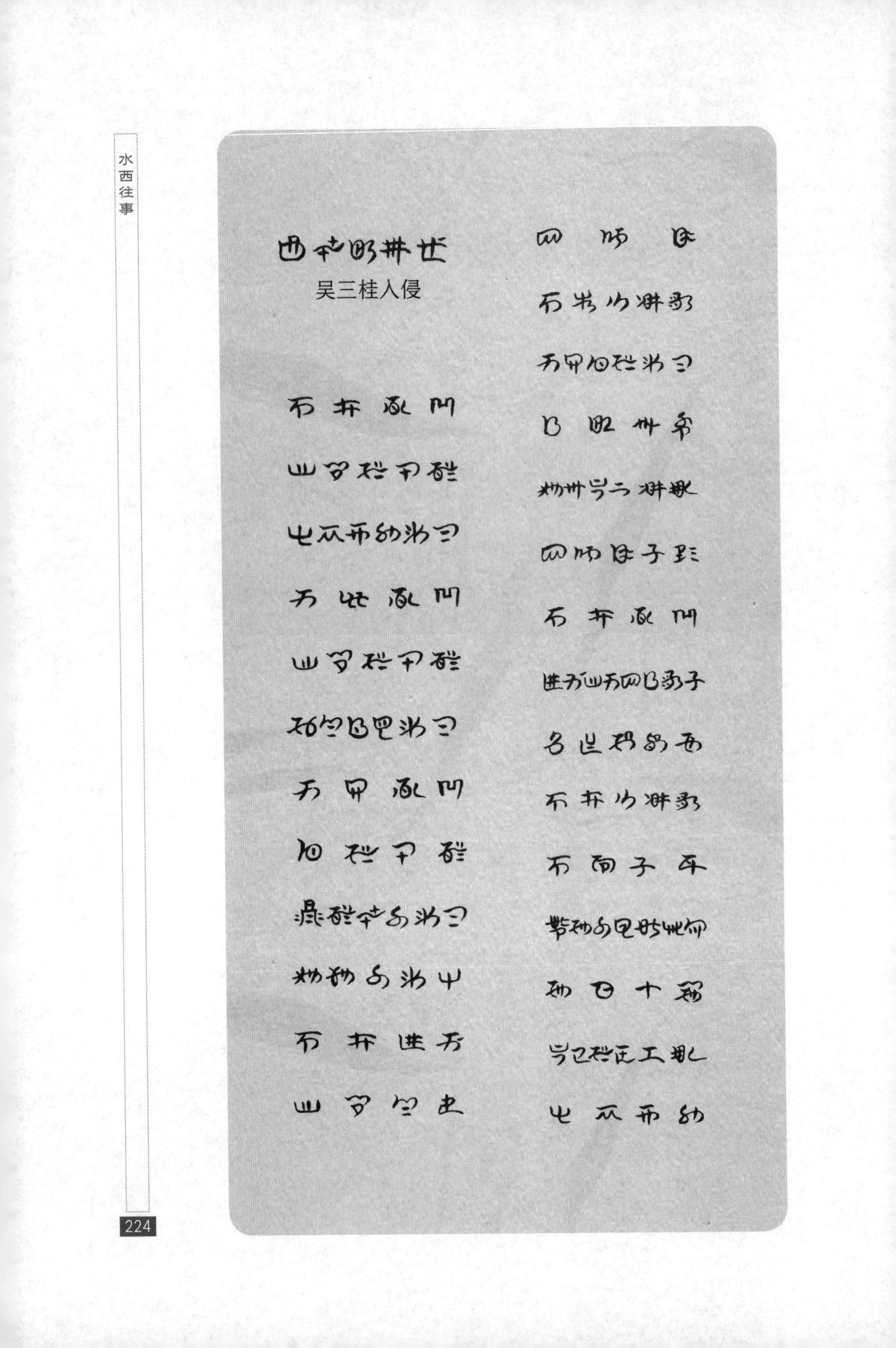

吴三桂入侵

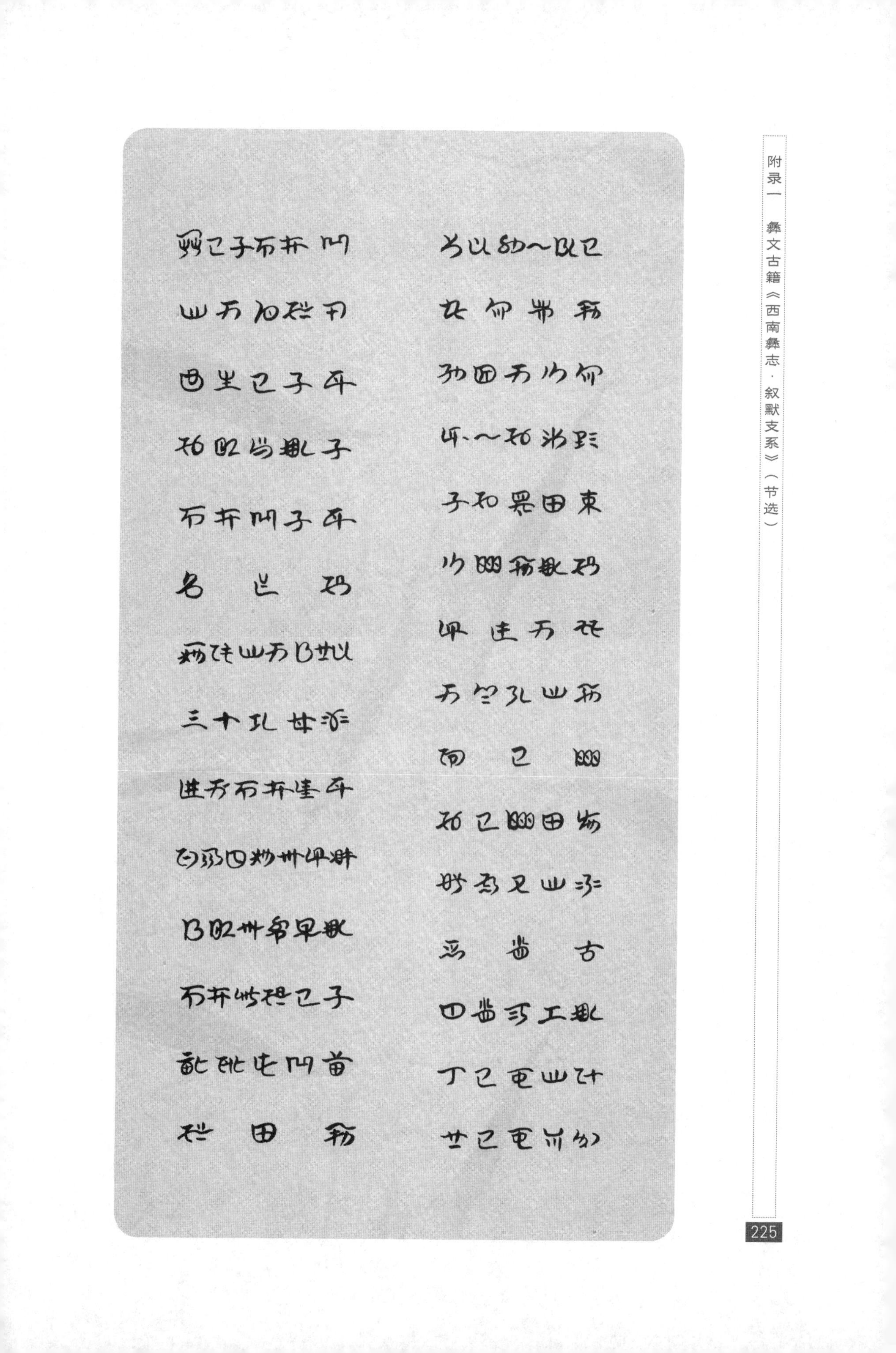

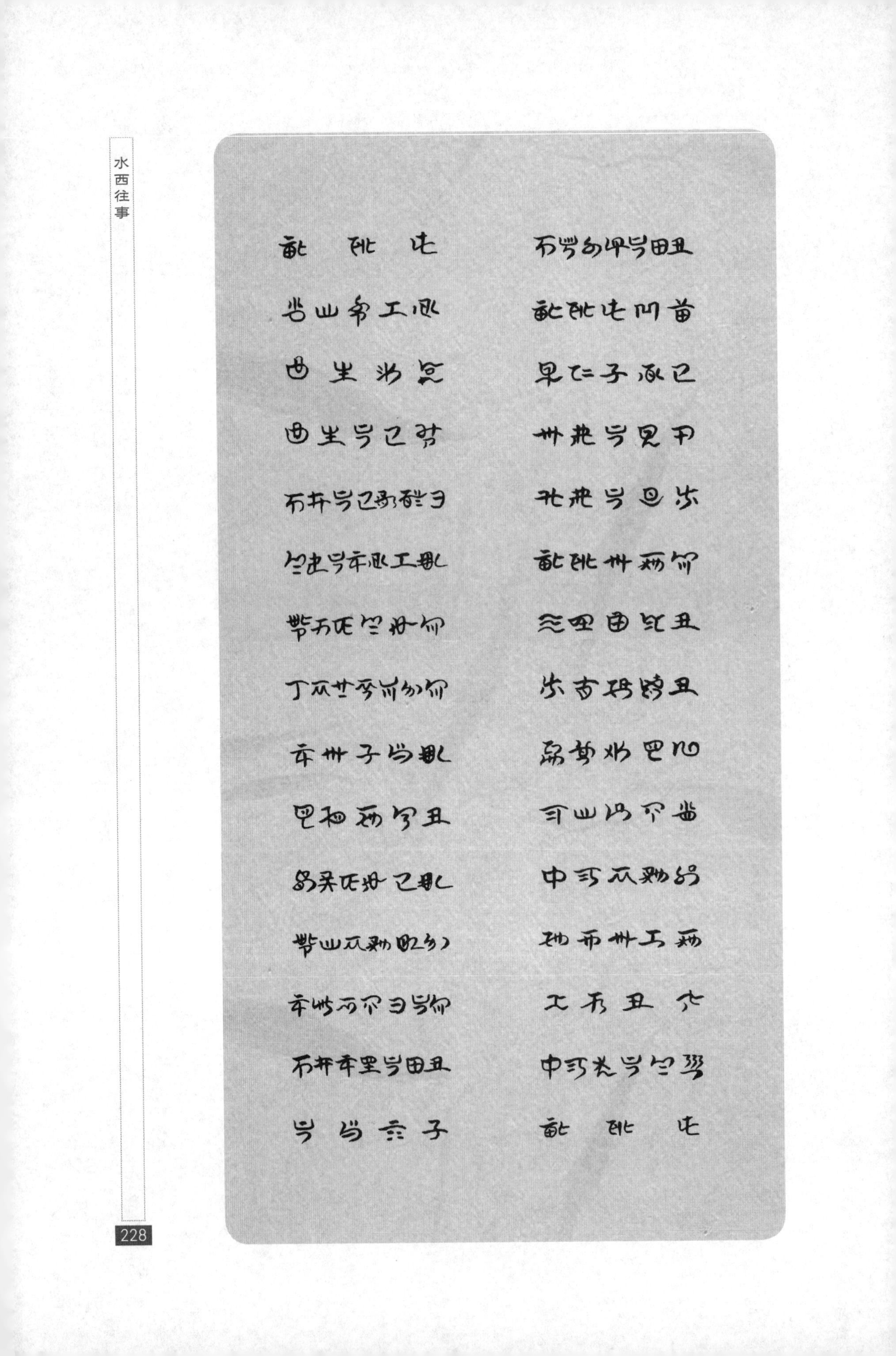

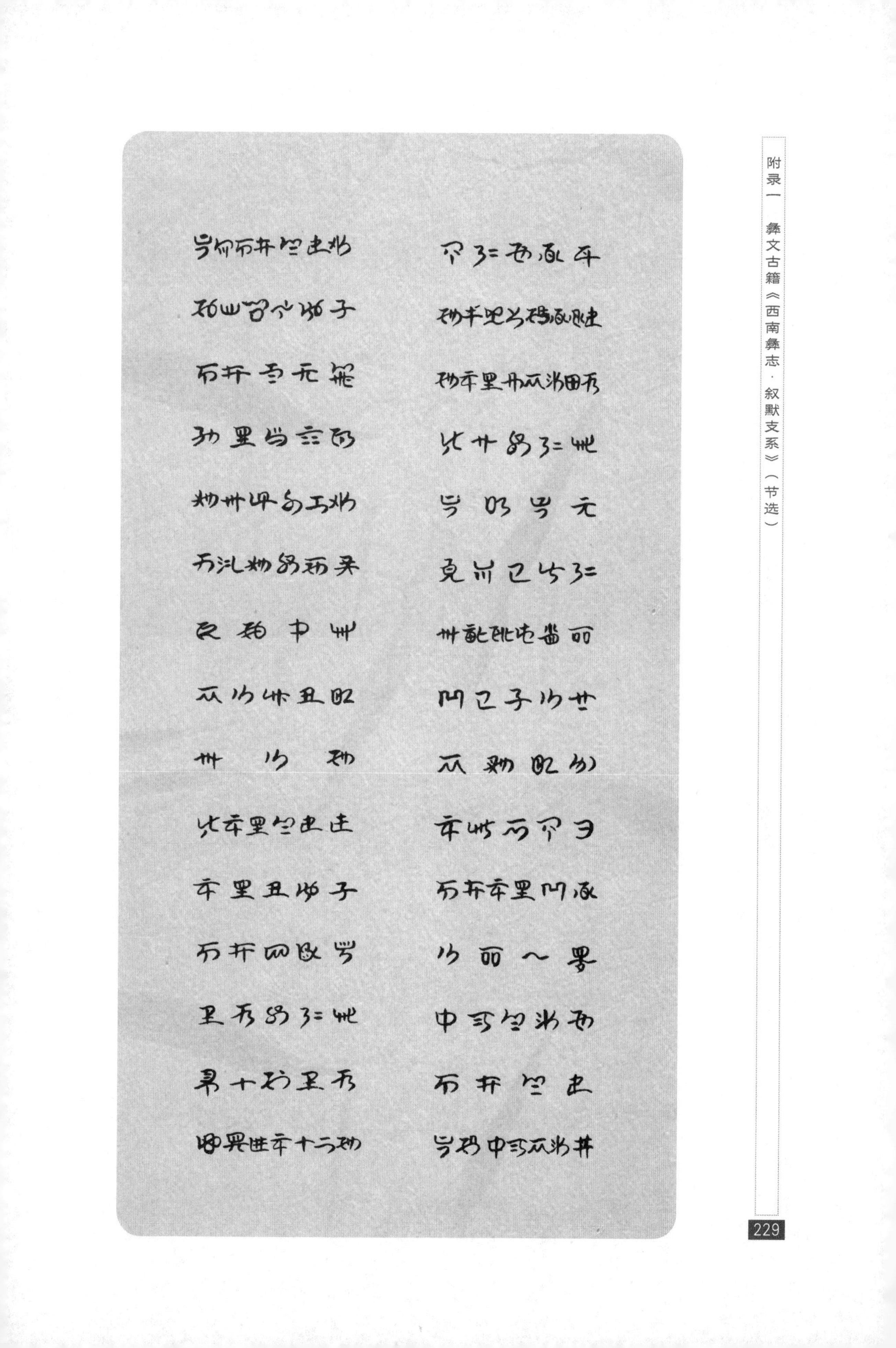

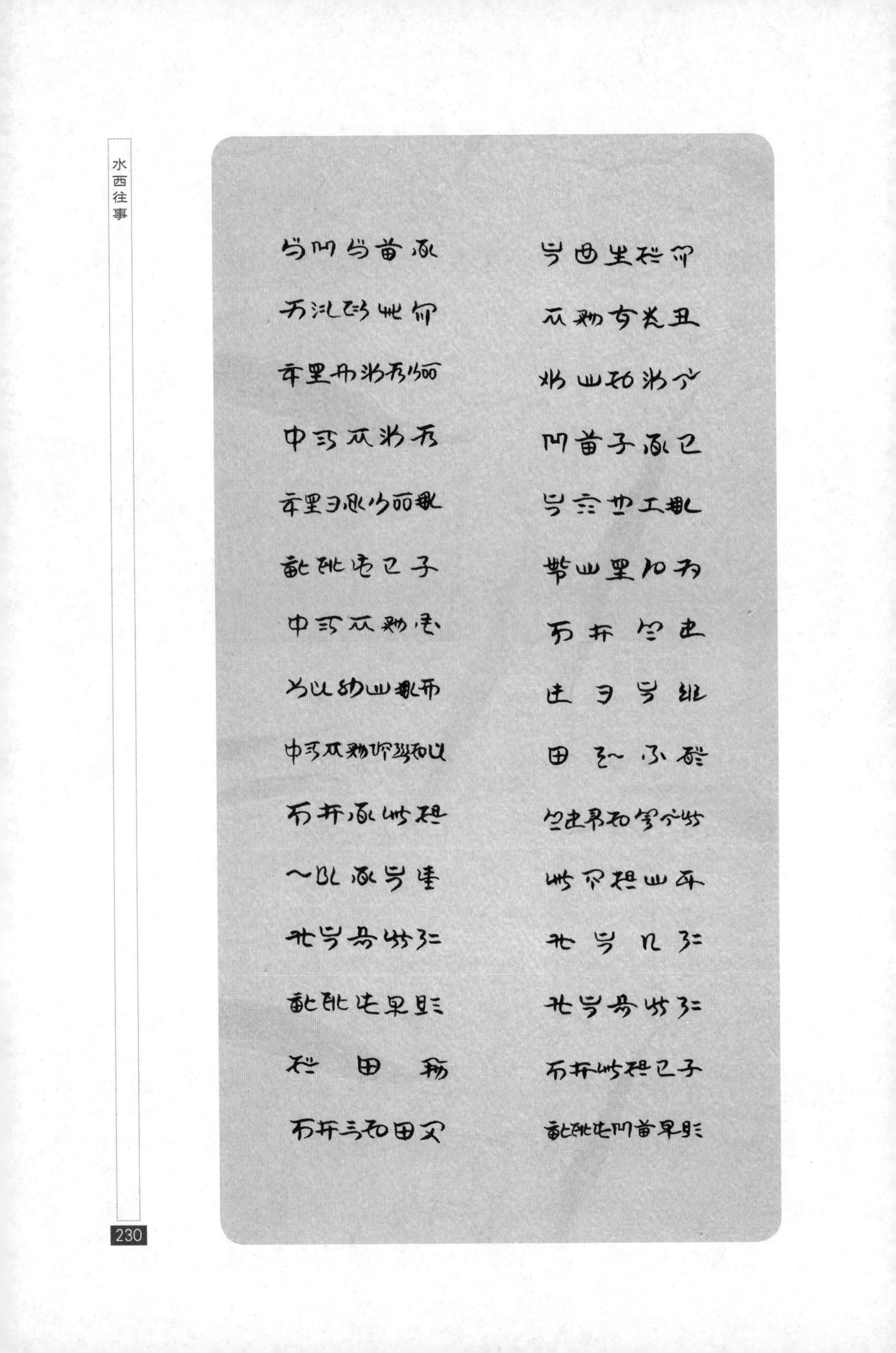

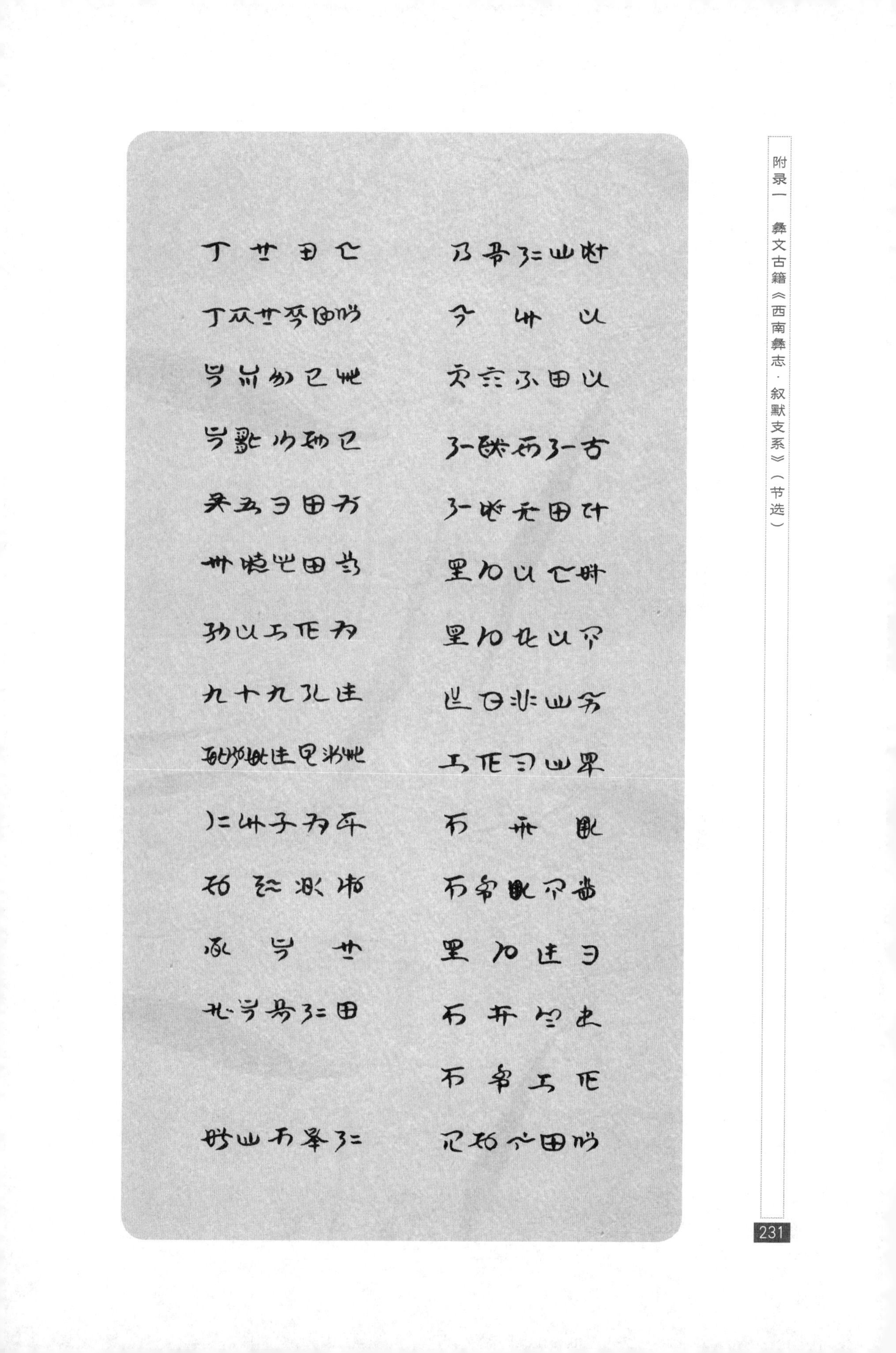

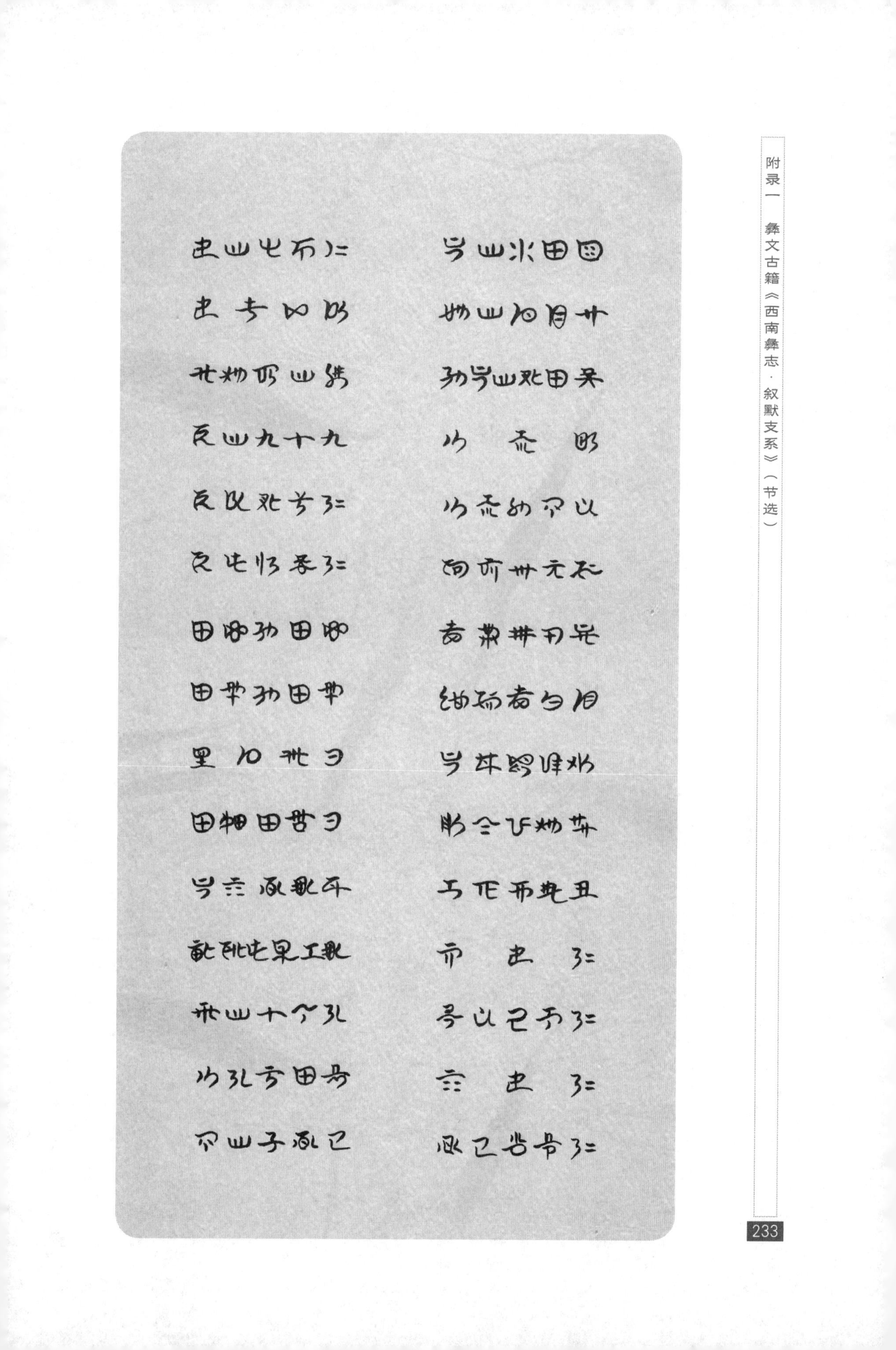

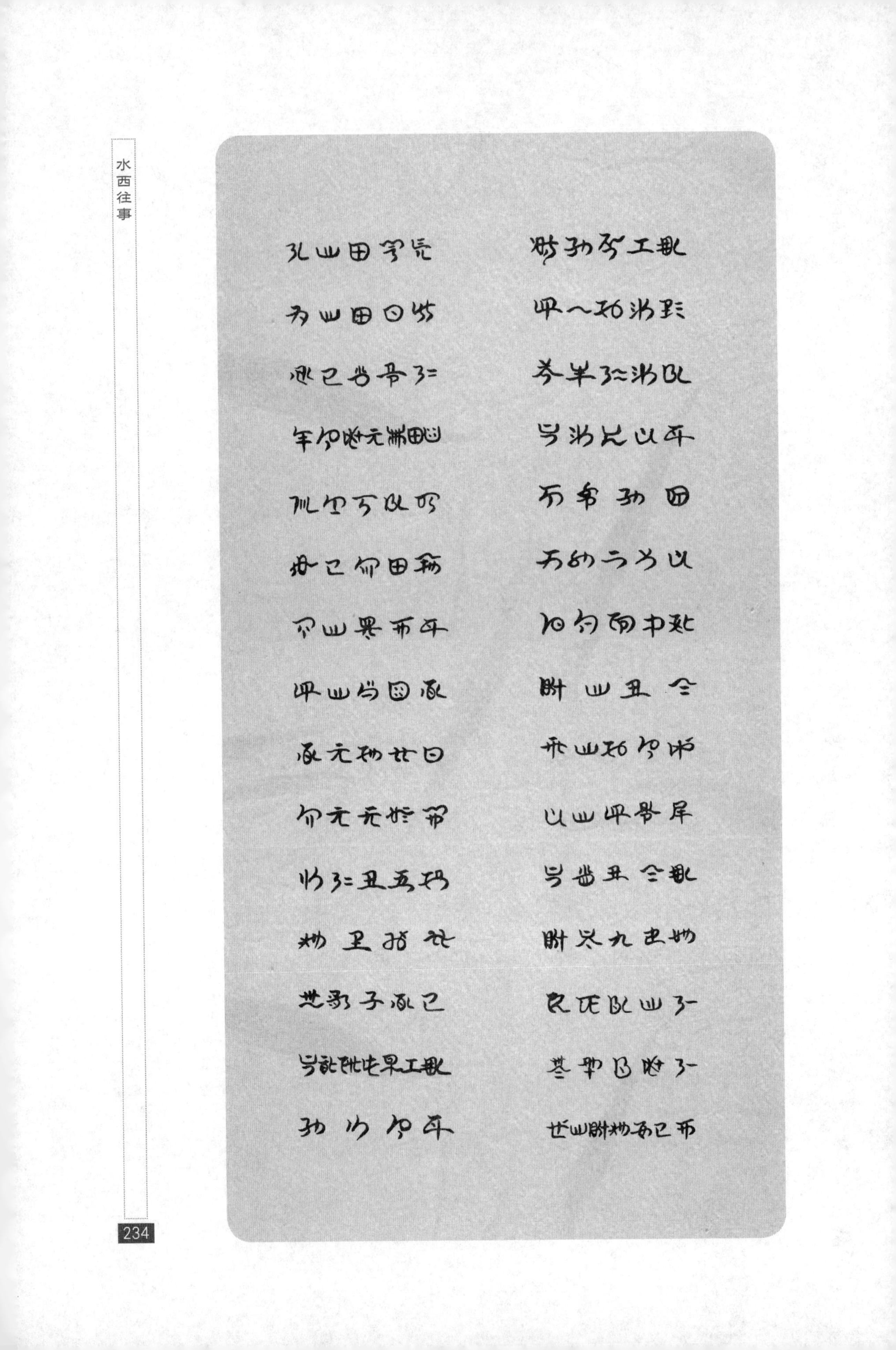

附录二

《水西抗击吴三桂之战》（节选）

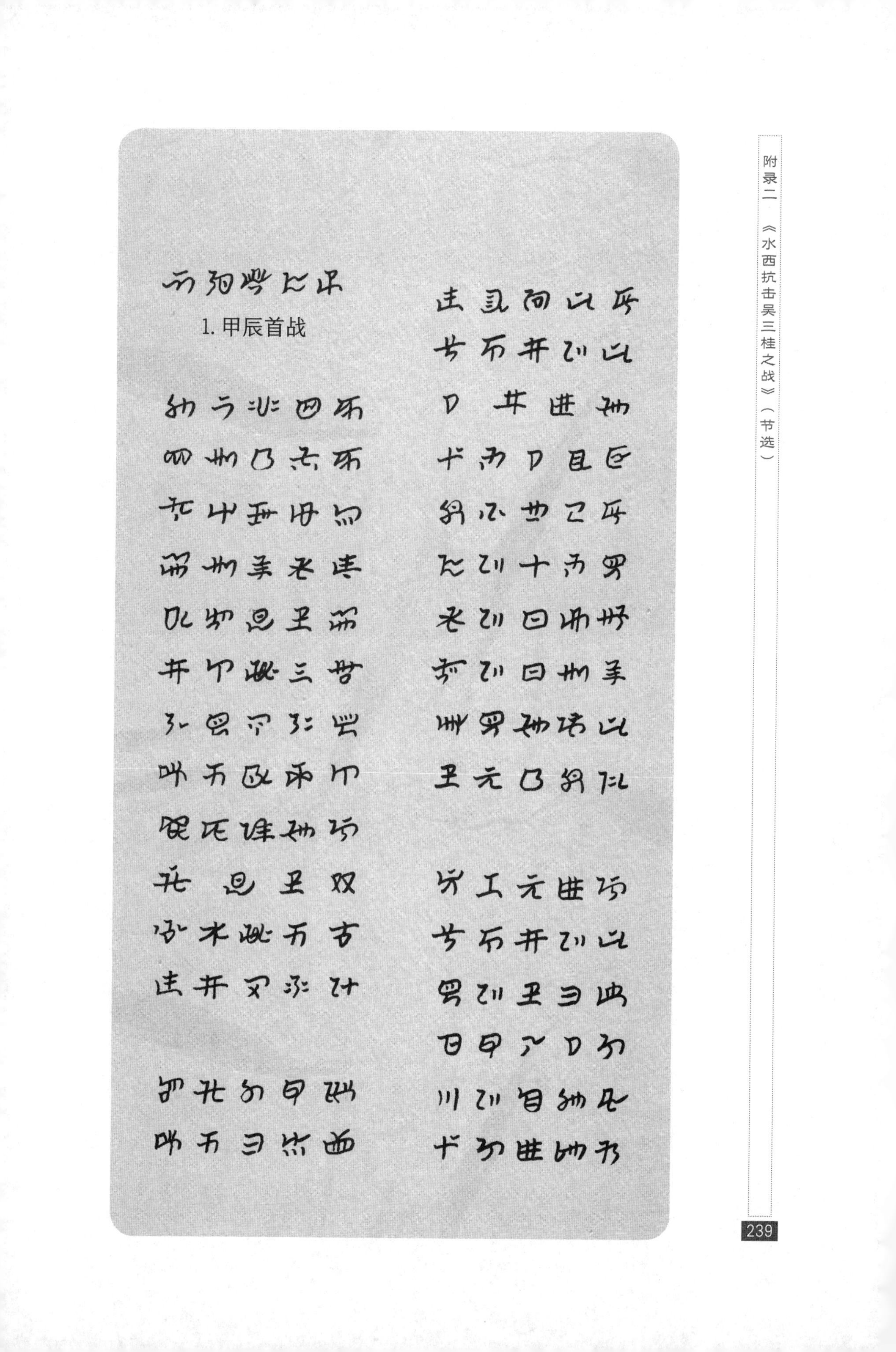

1. 甲辰首战

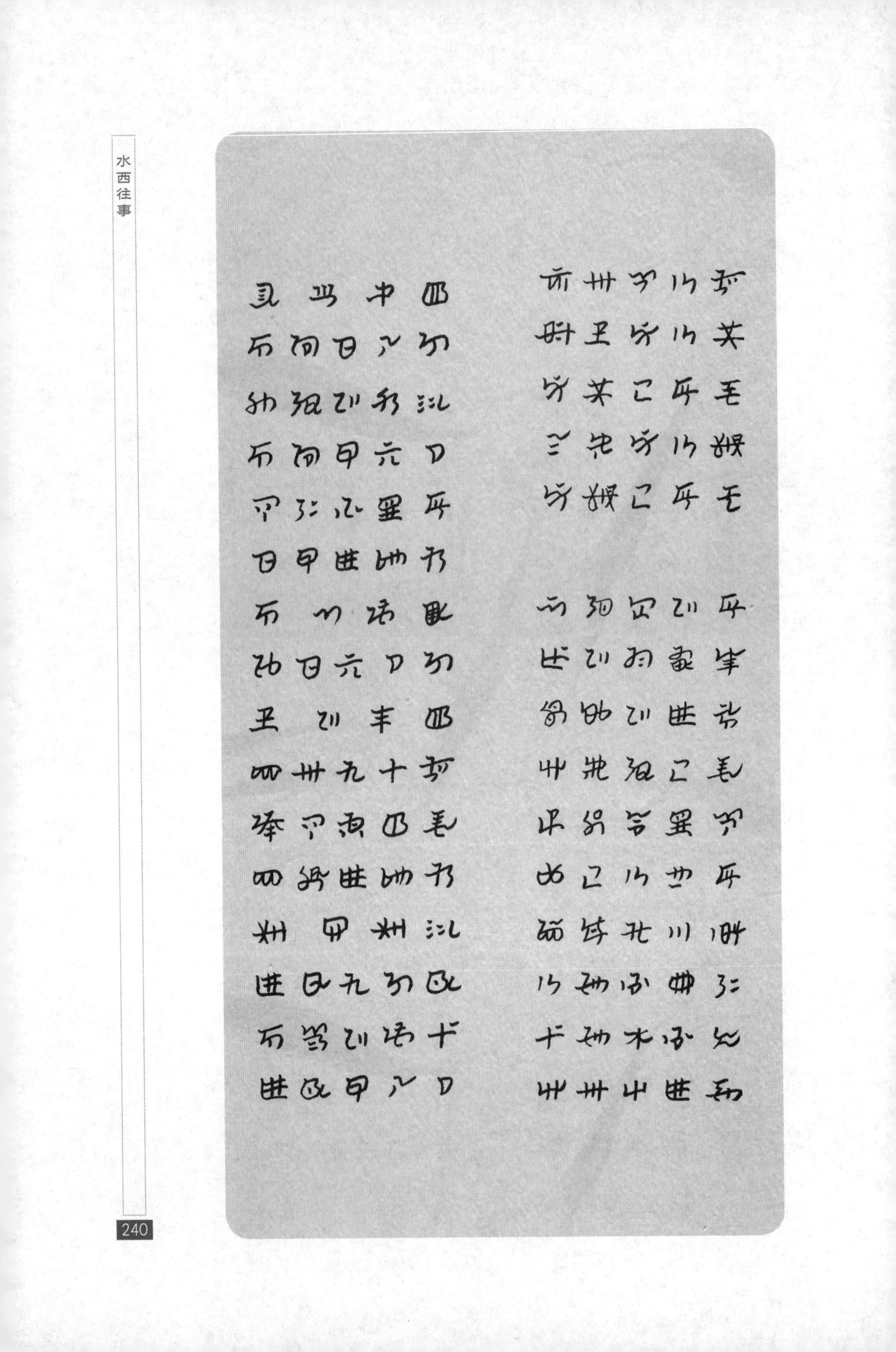

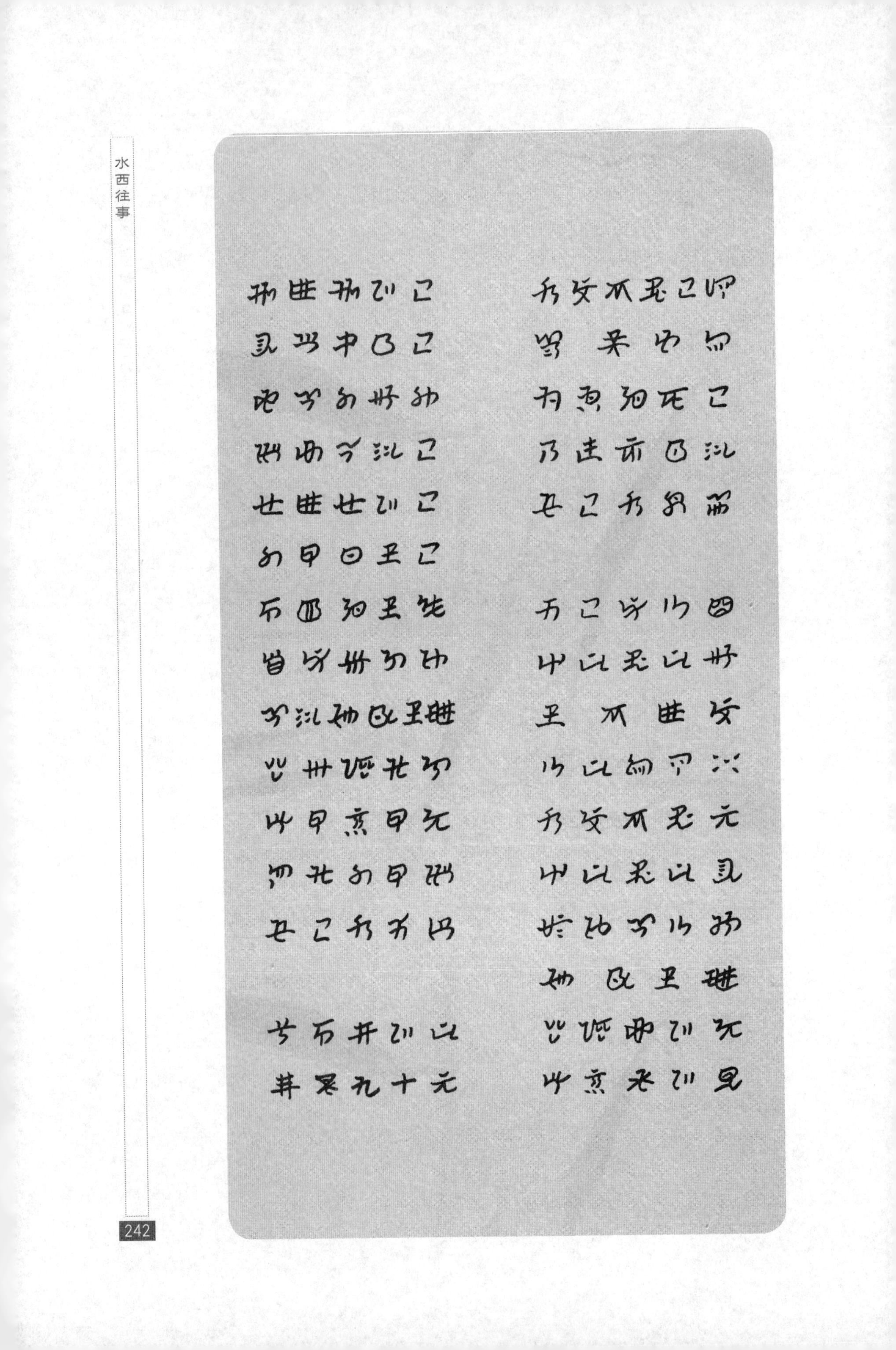

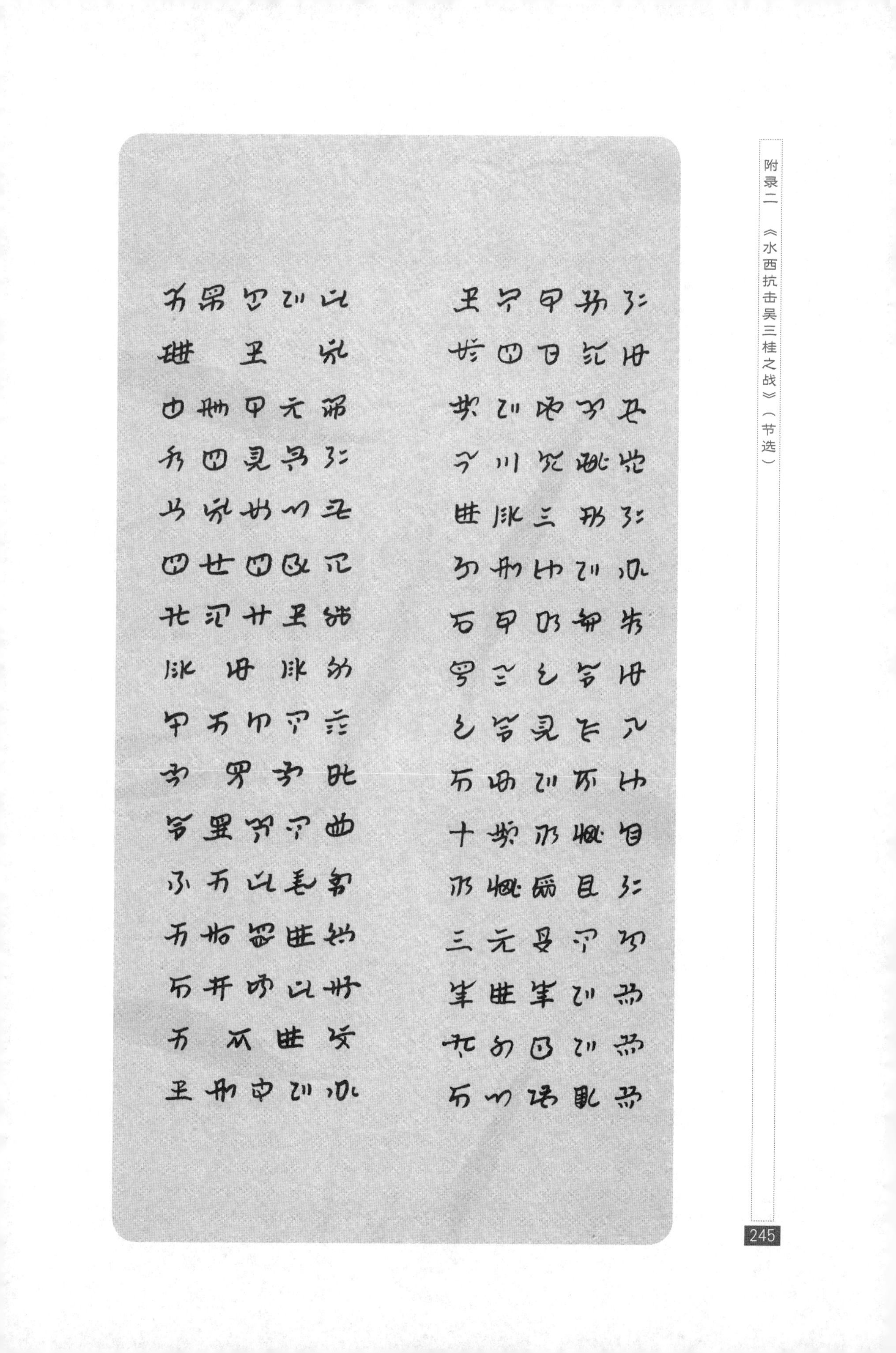

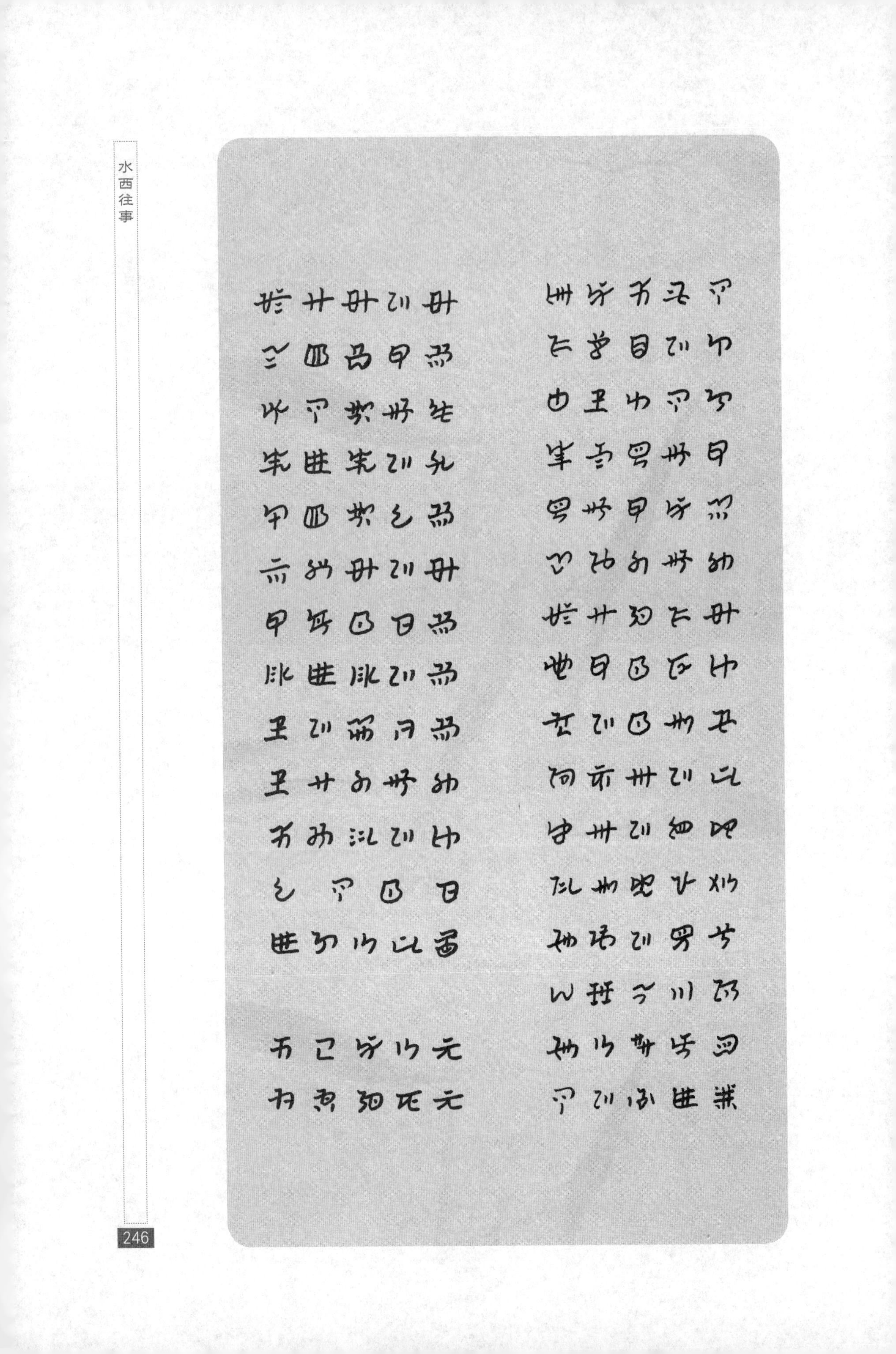

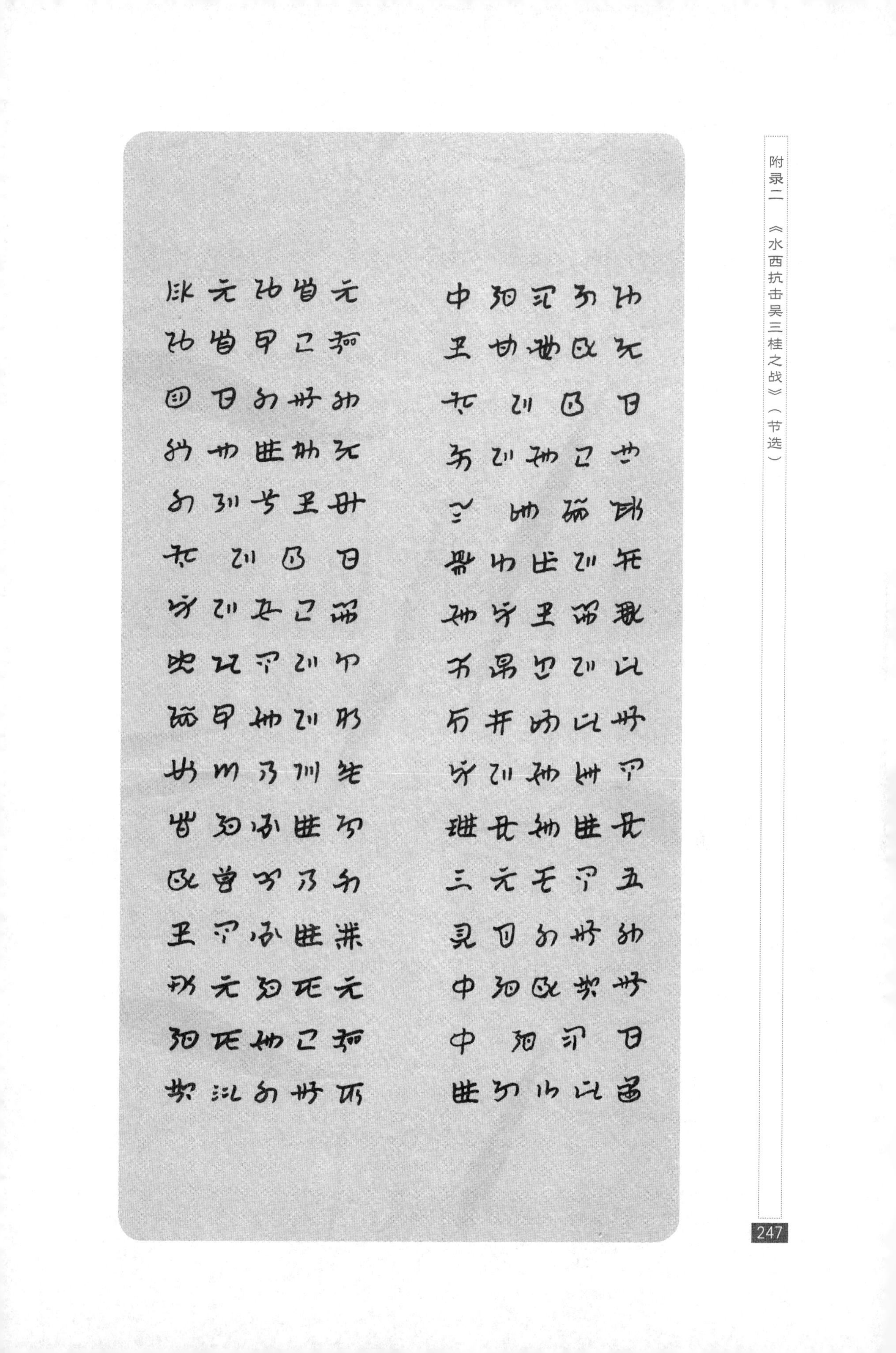

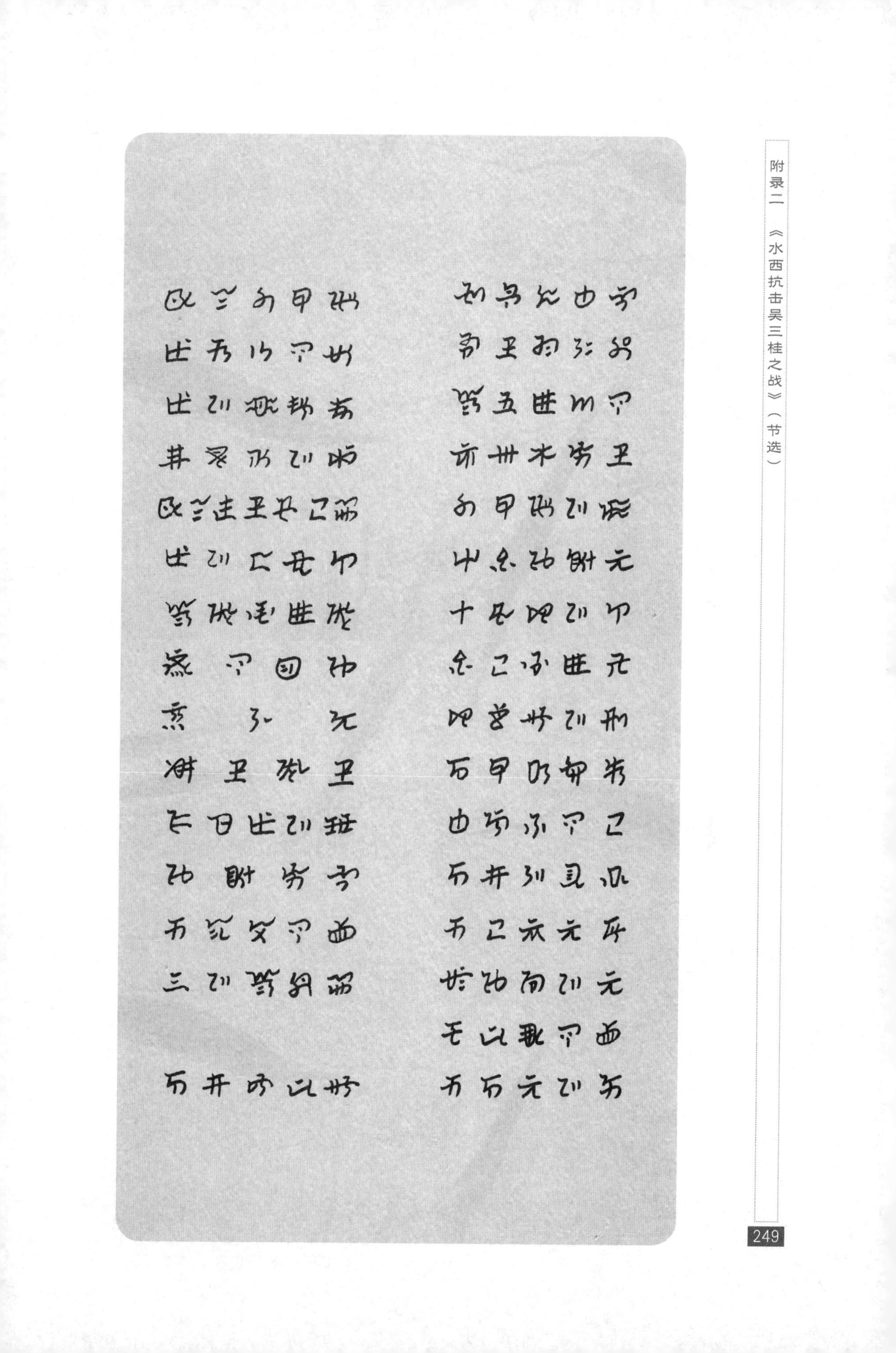

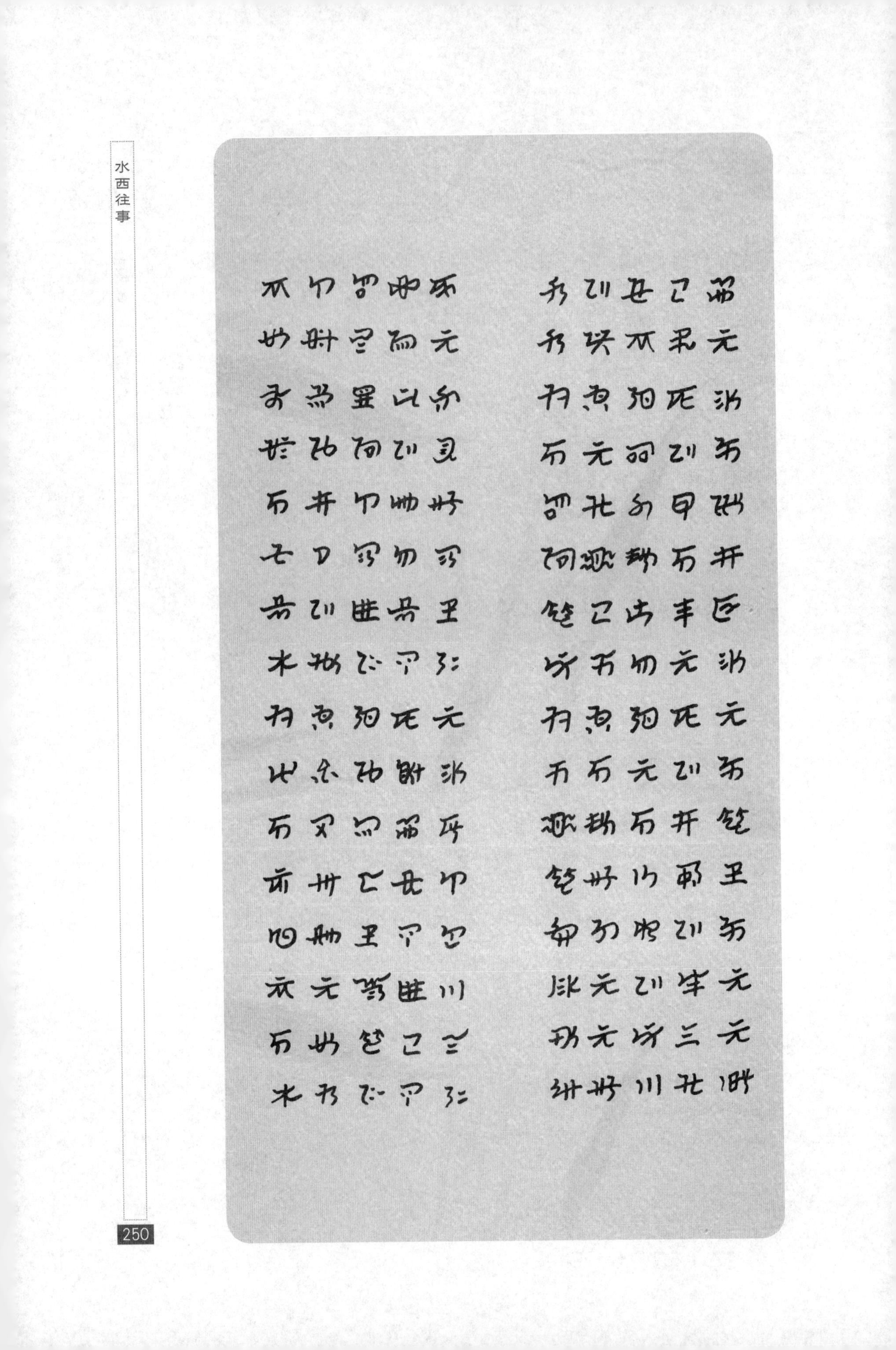

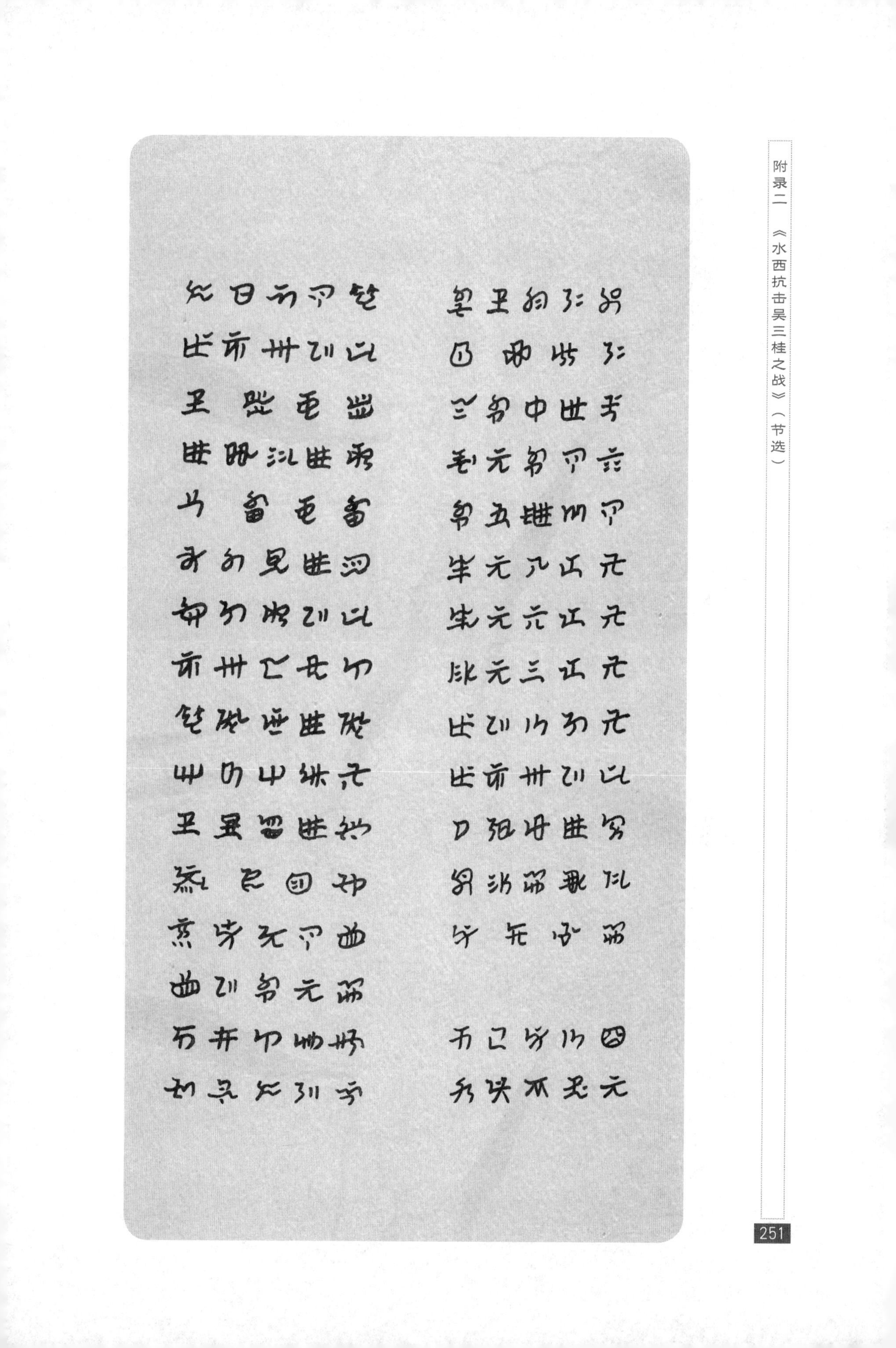

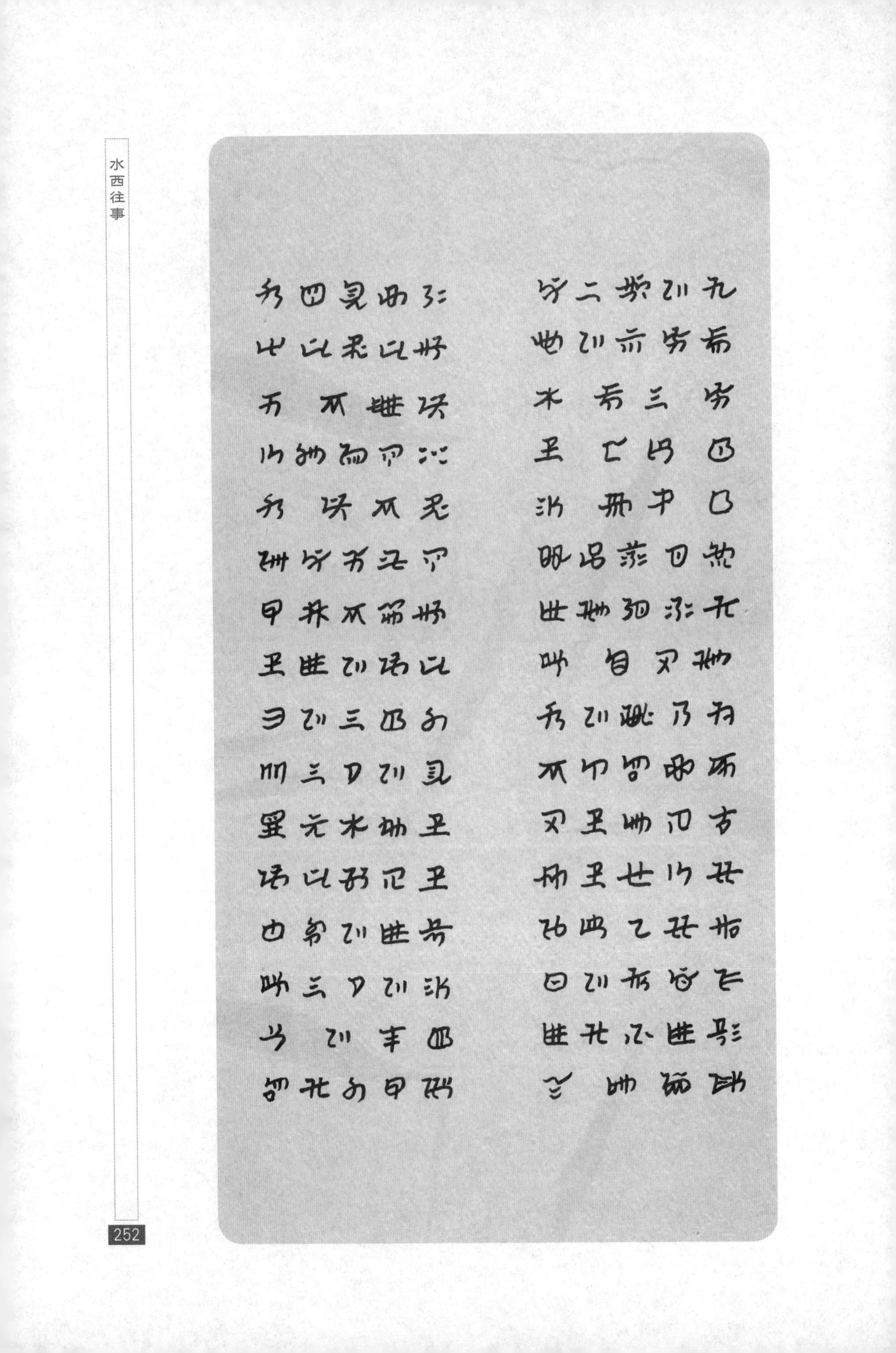

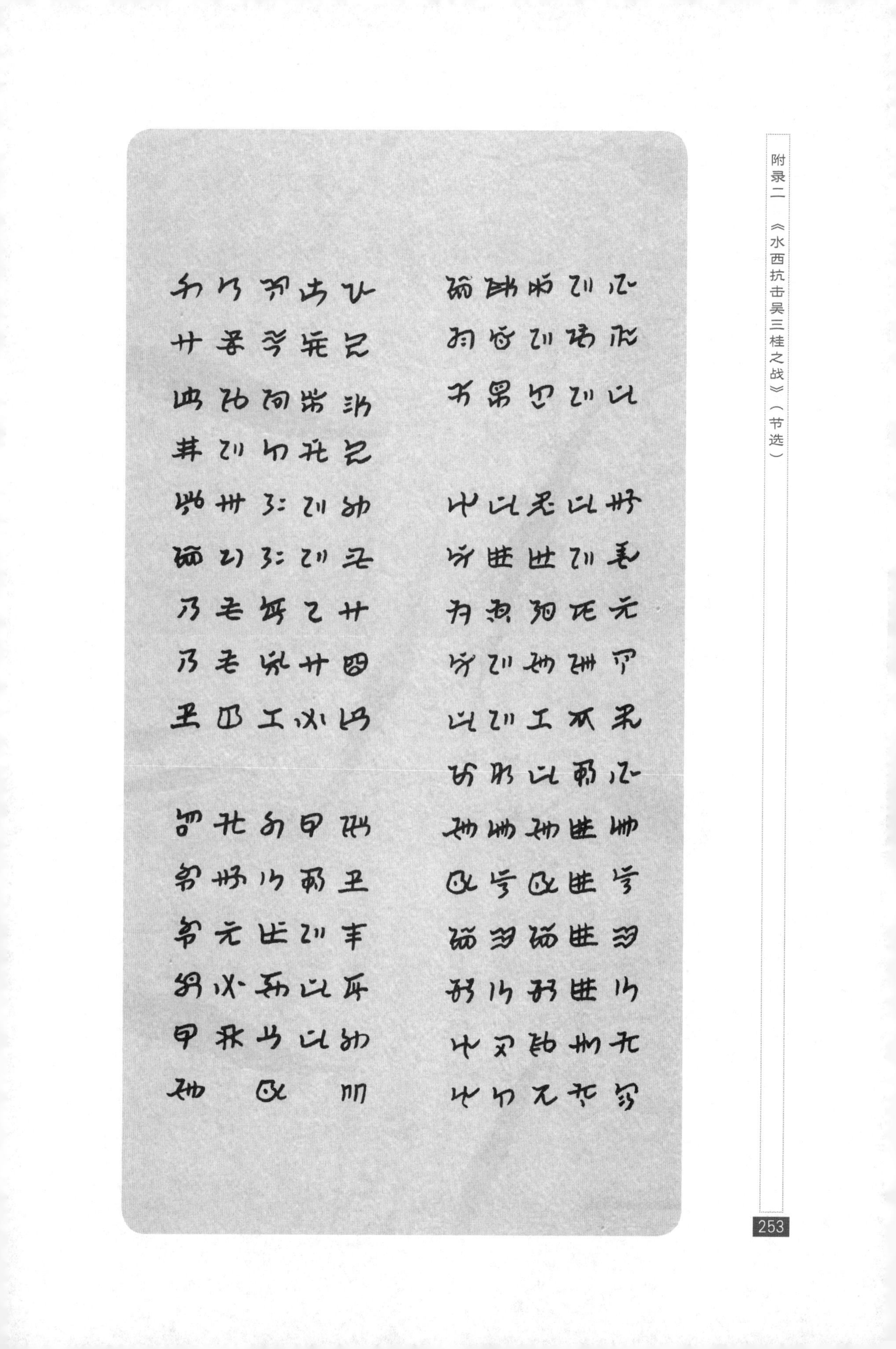

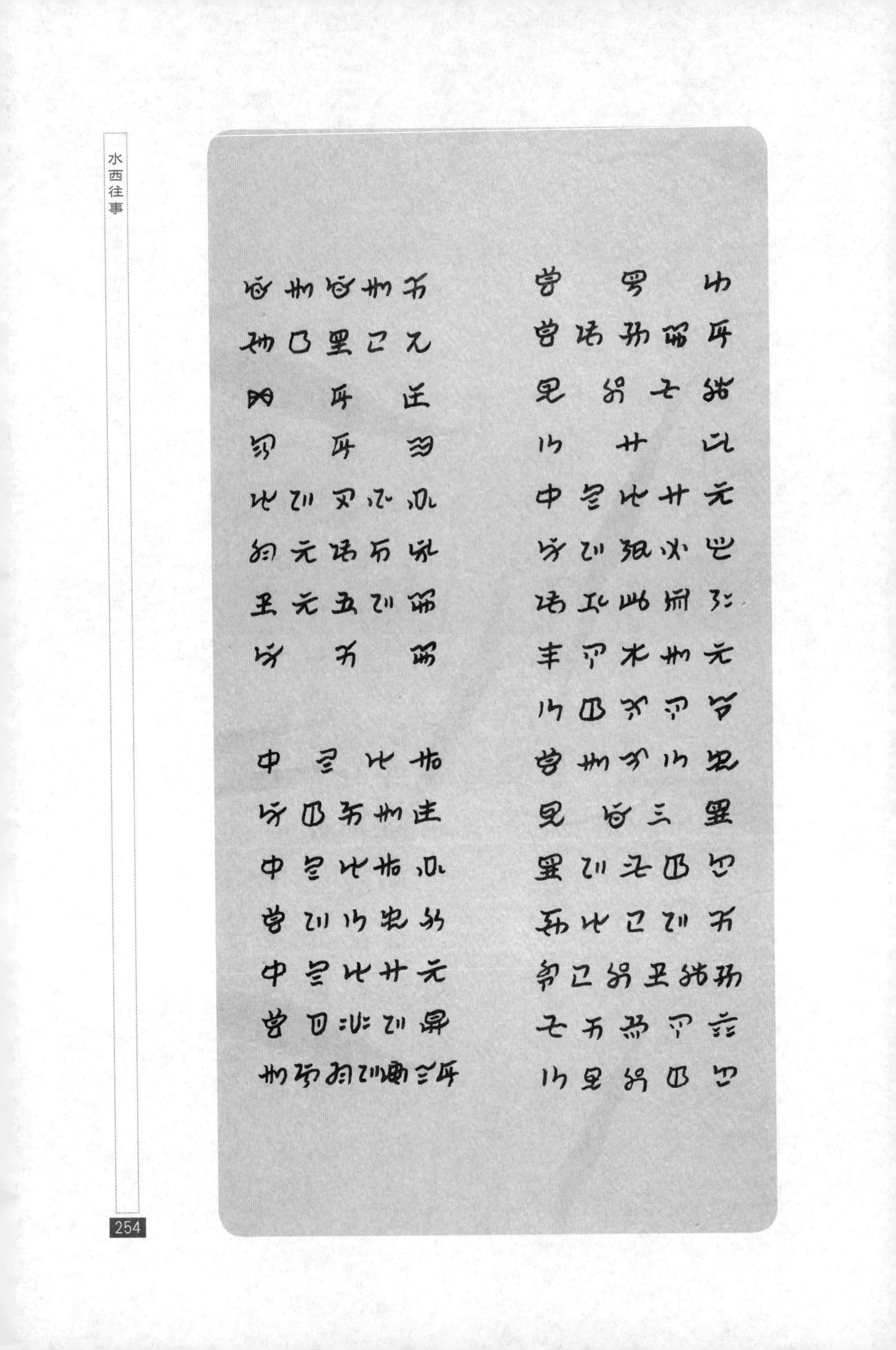

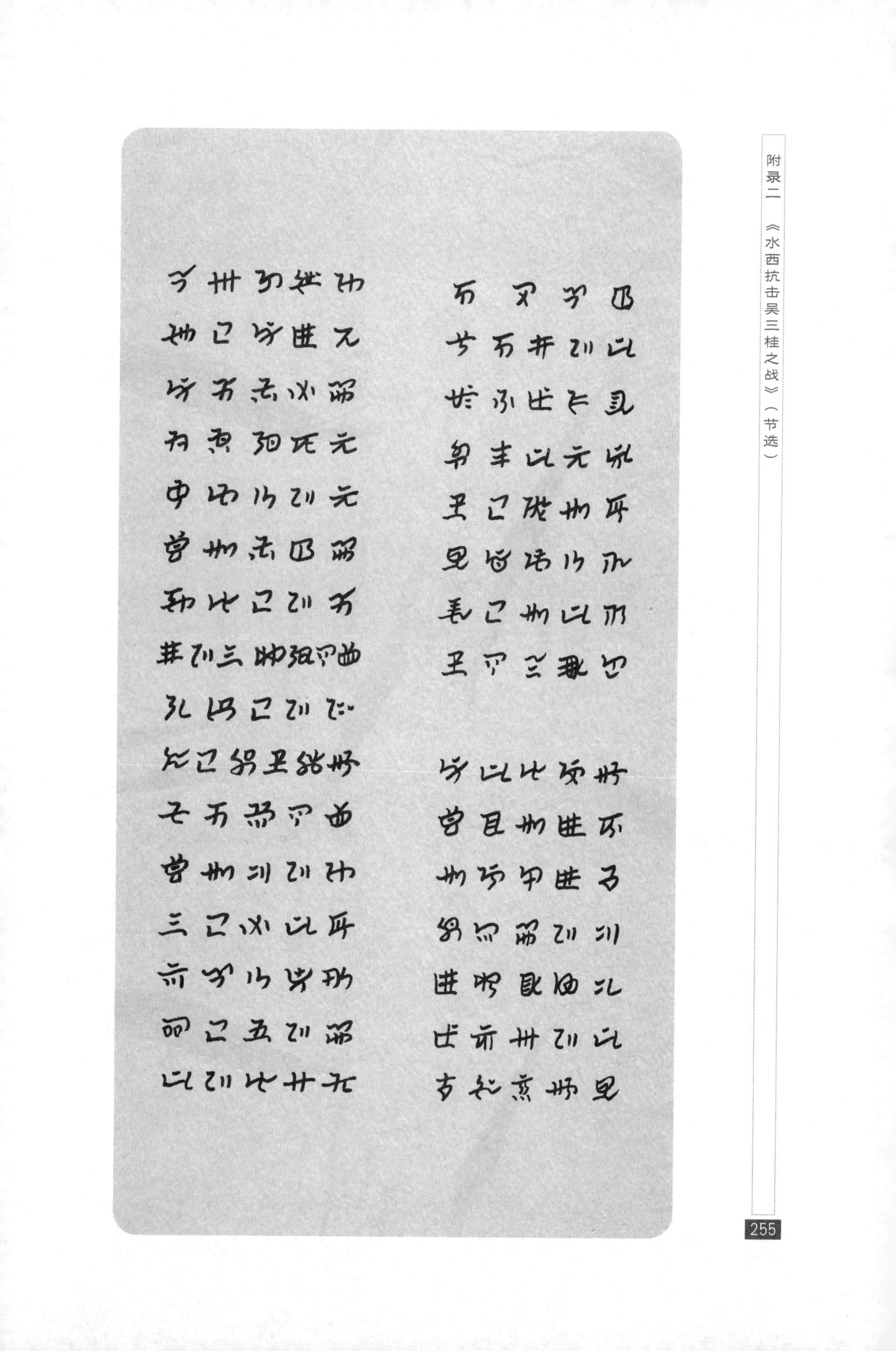

2. 濯色兹摩遇害

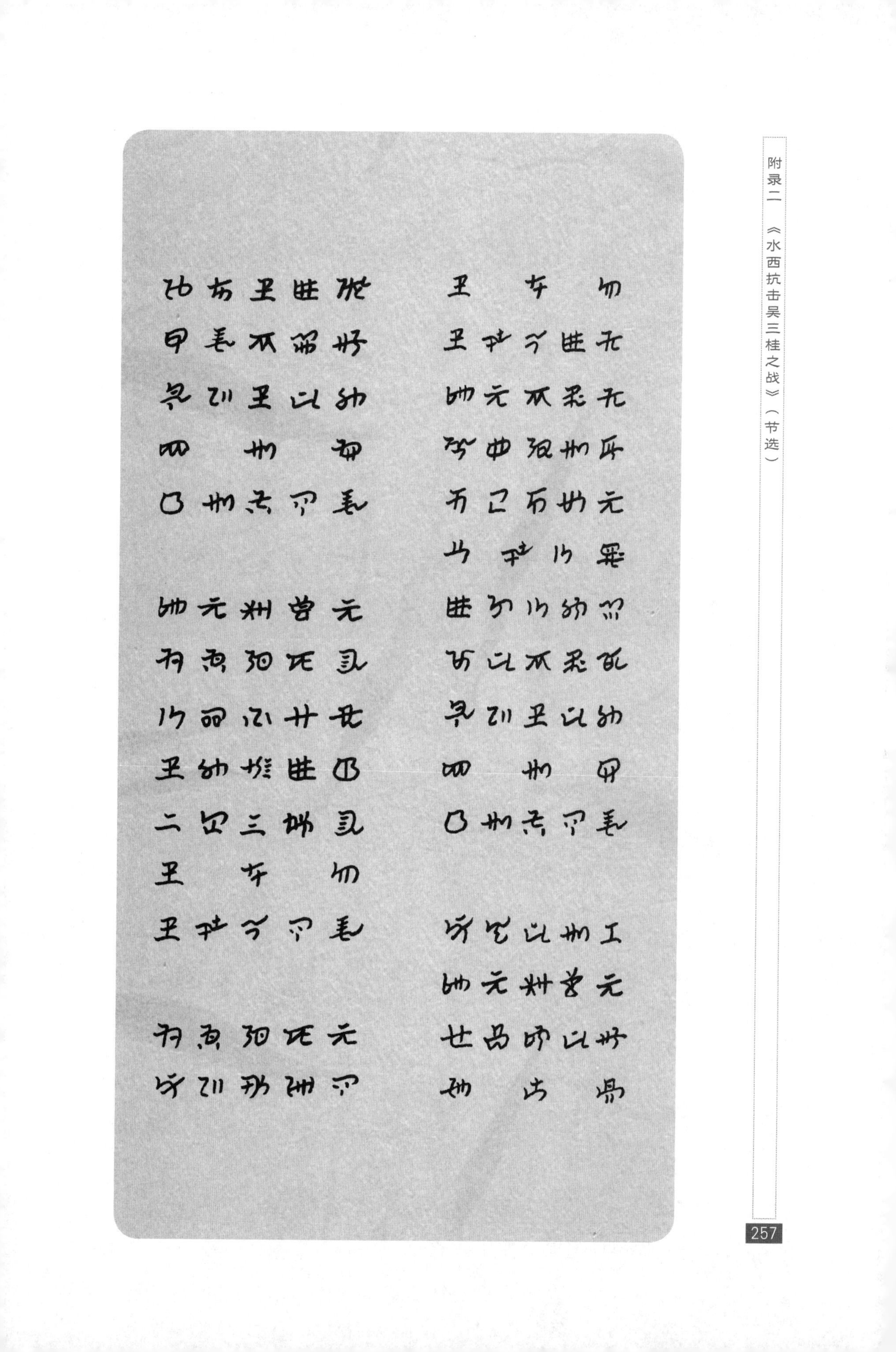

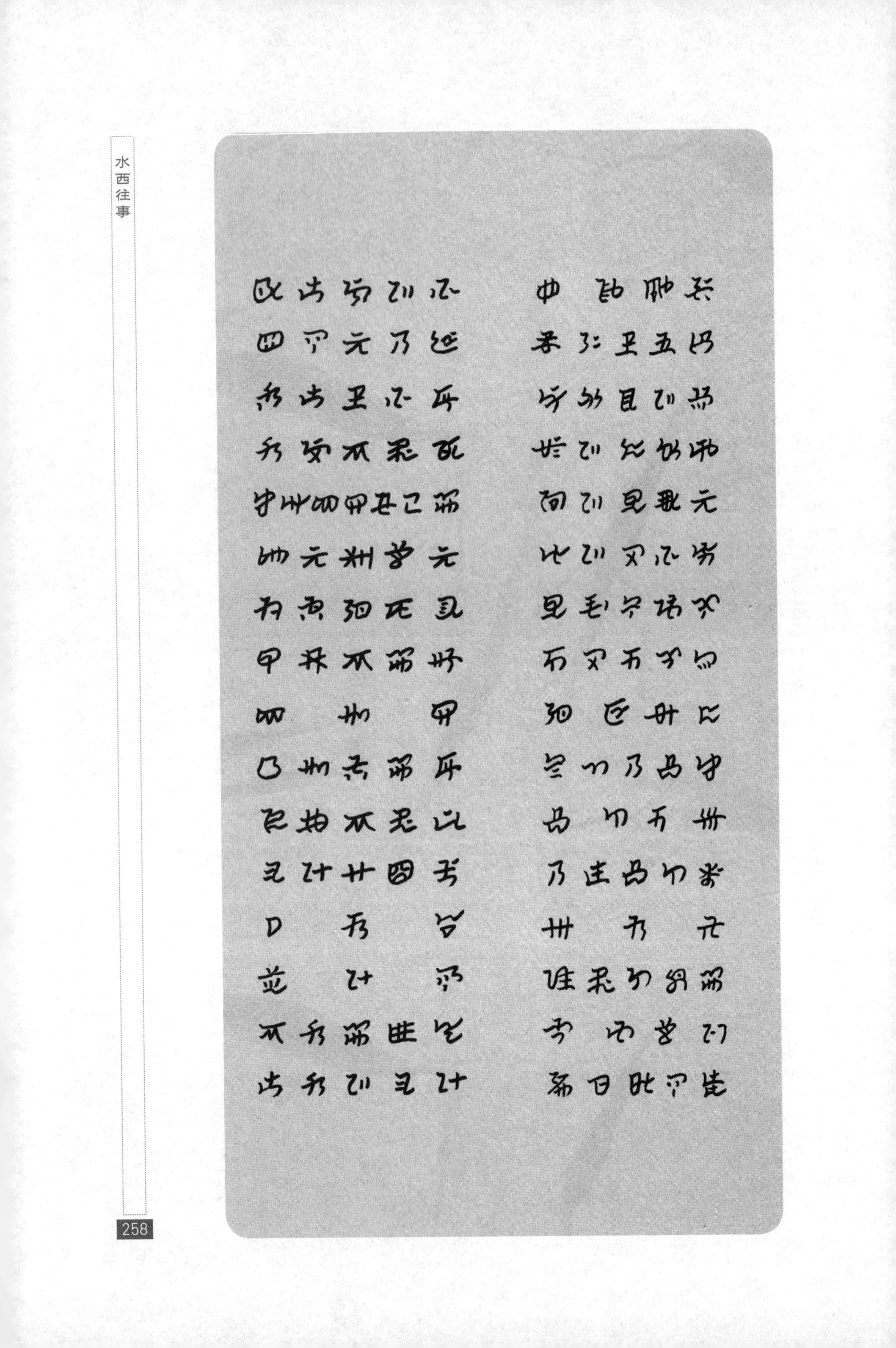

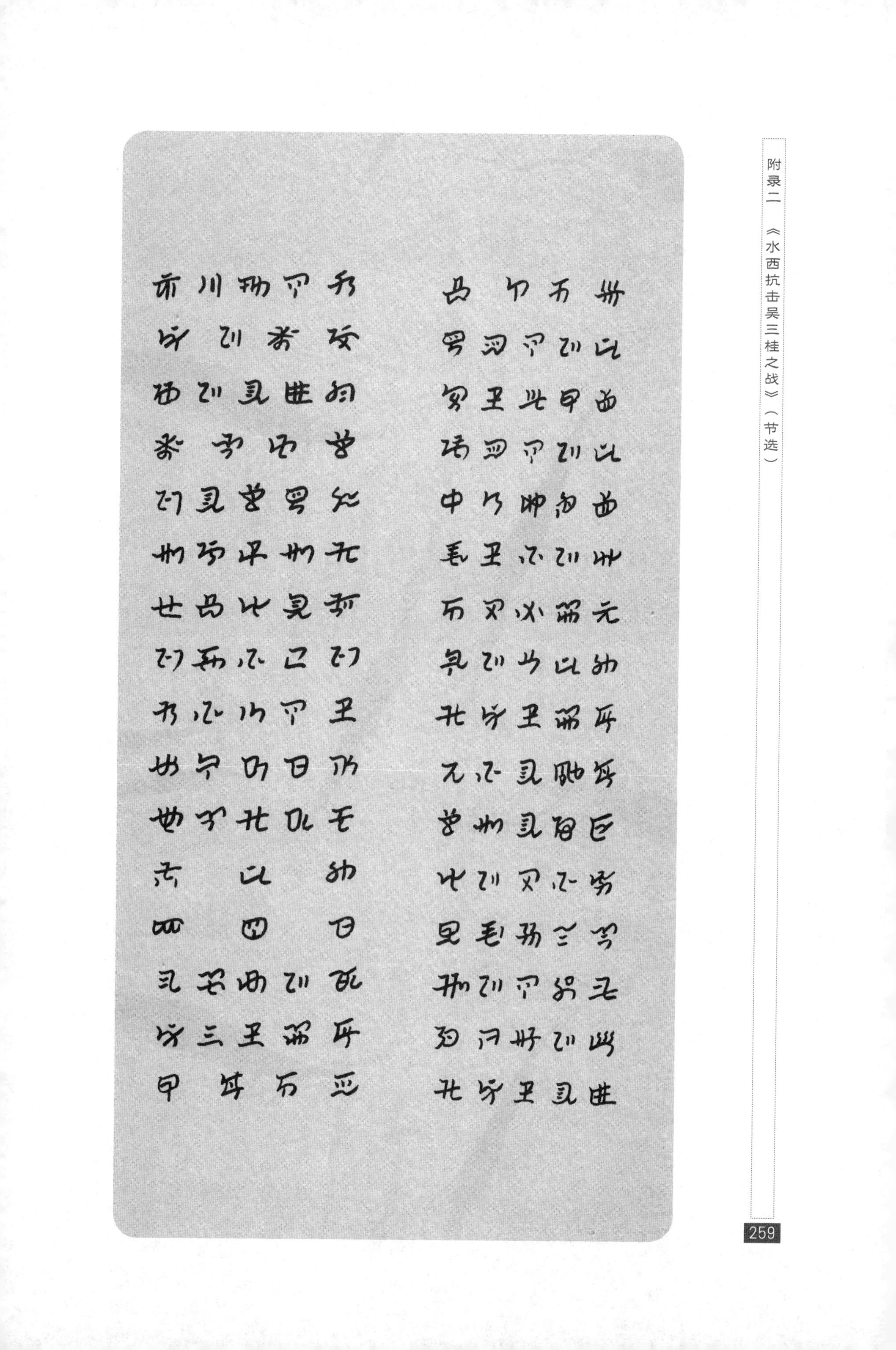

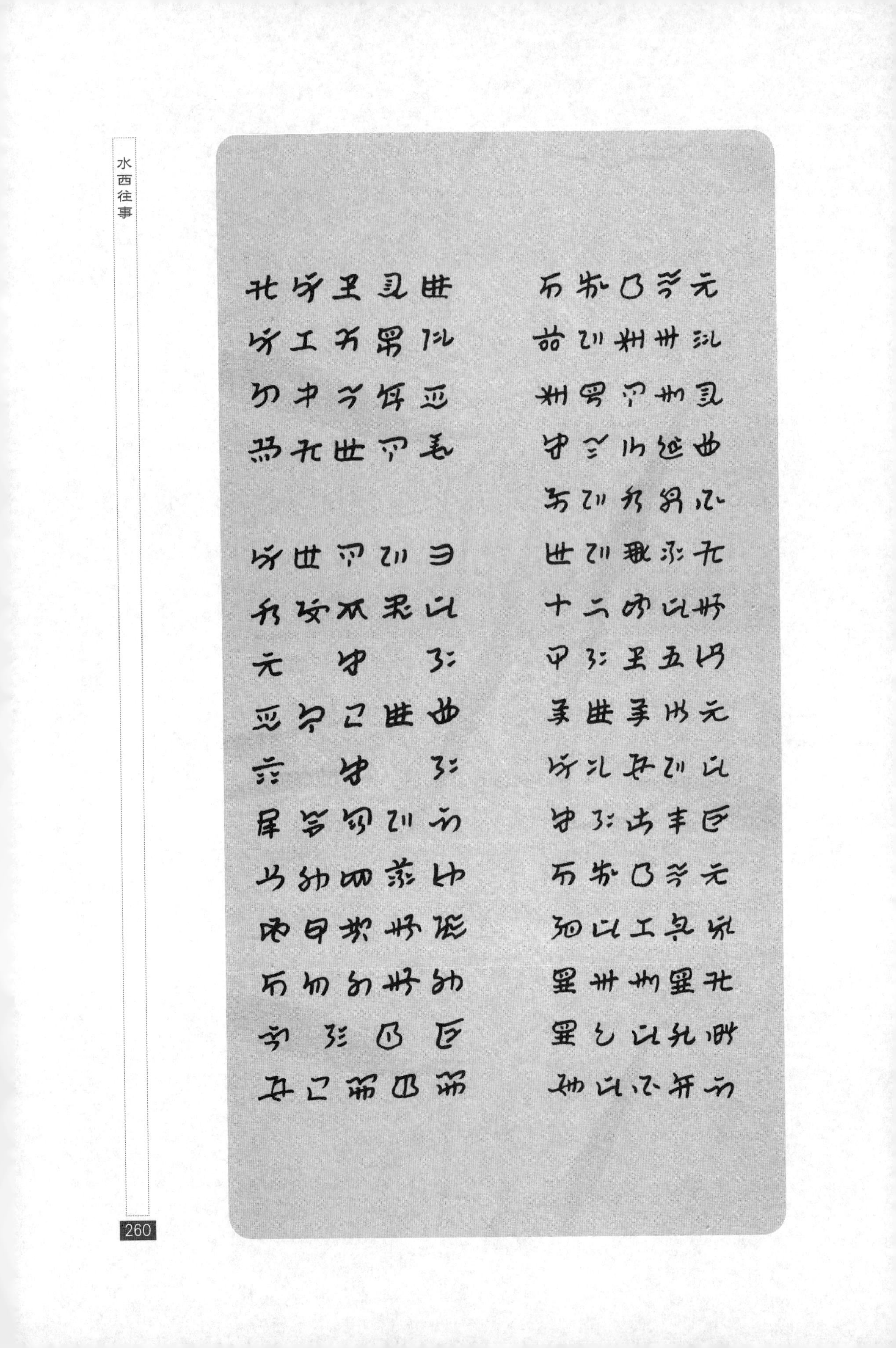

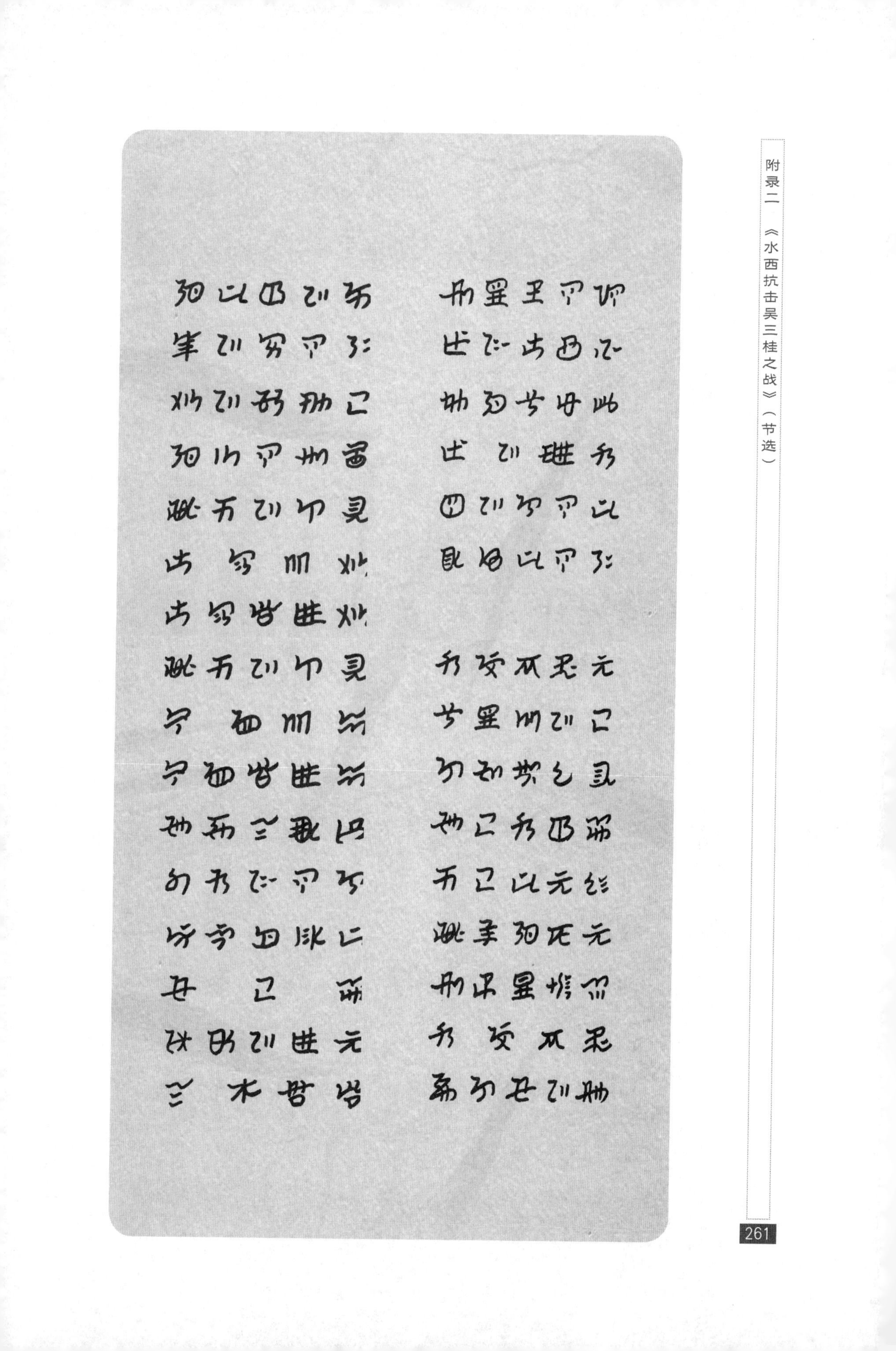

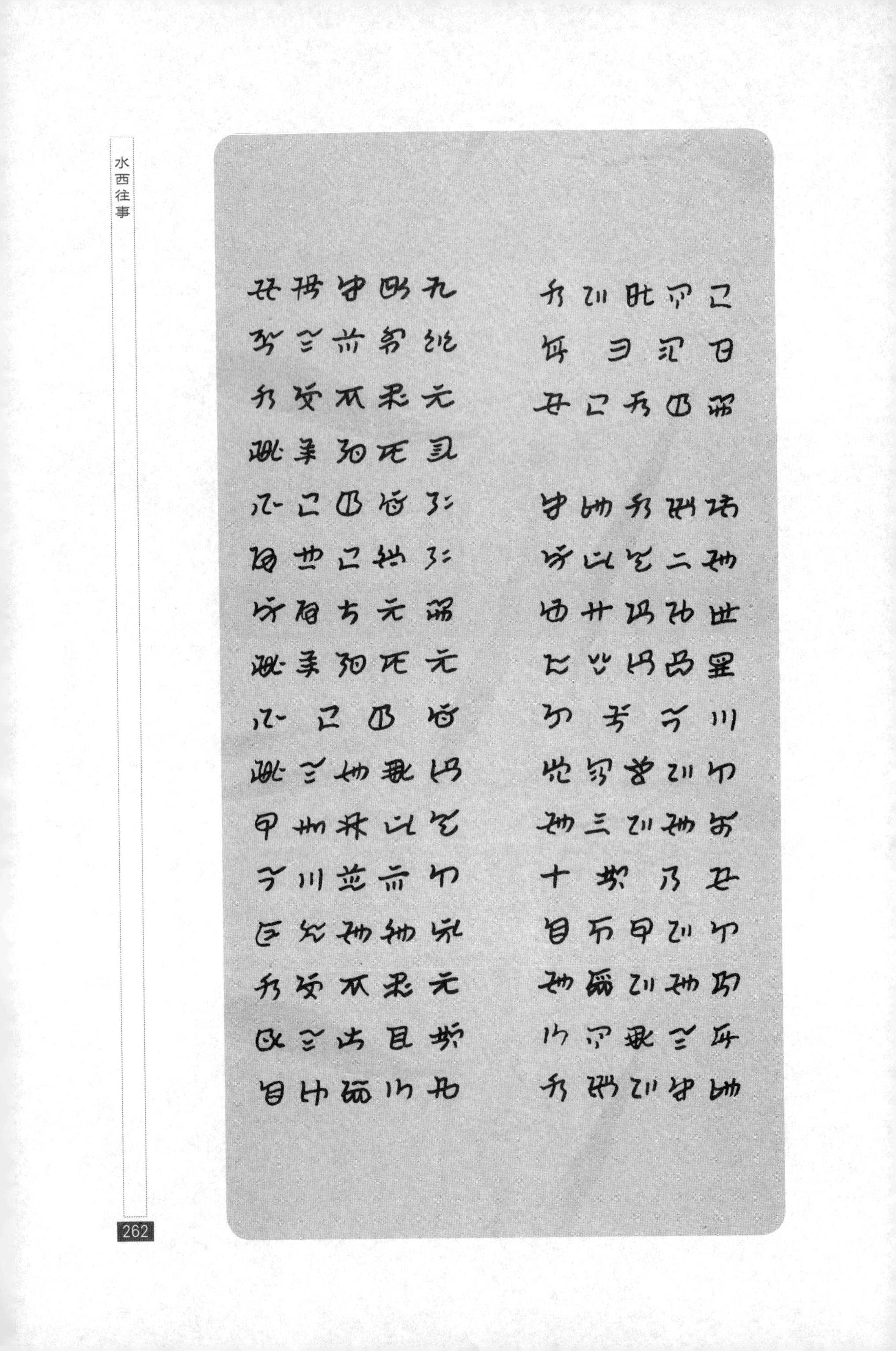

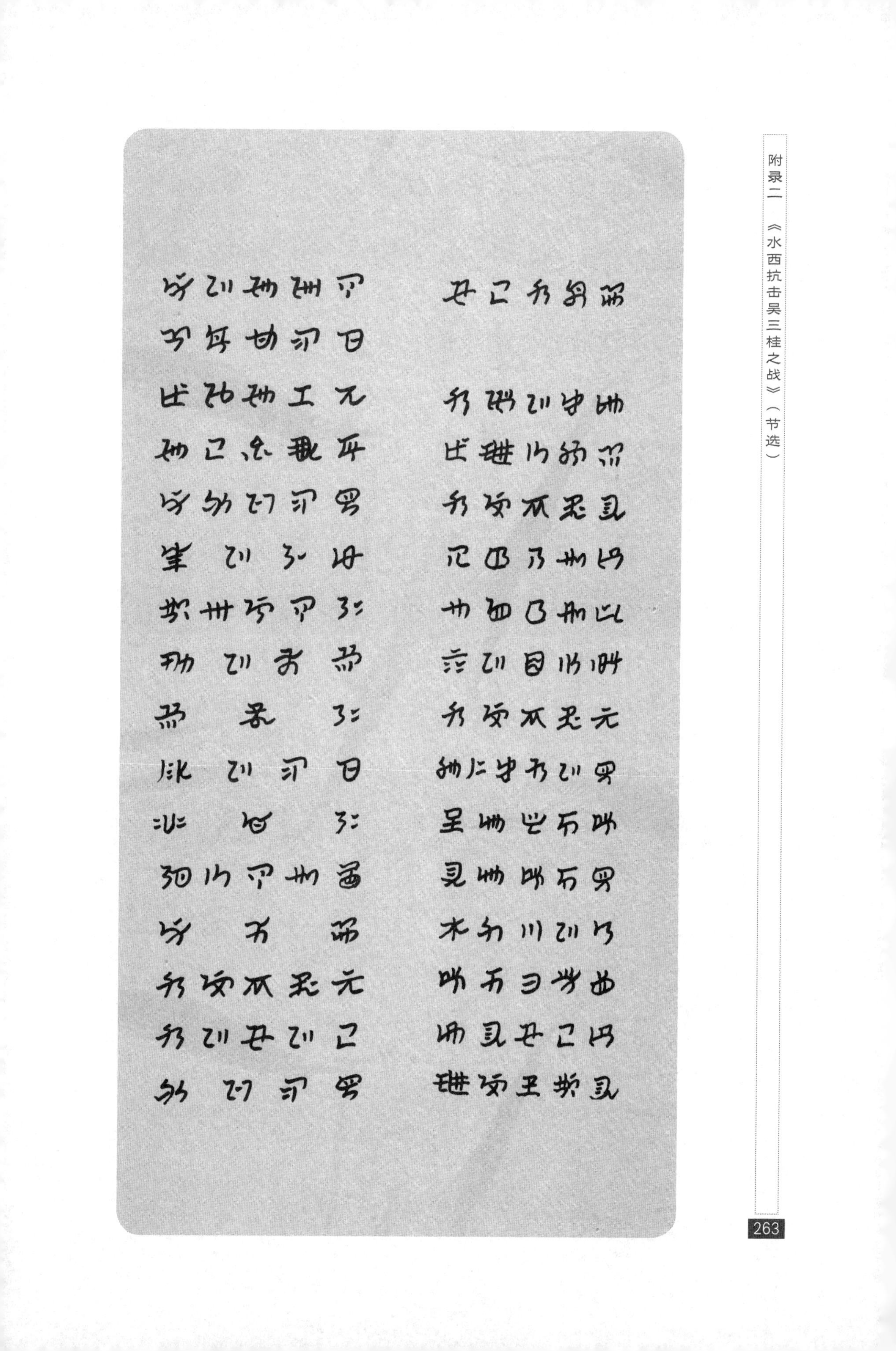

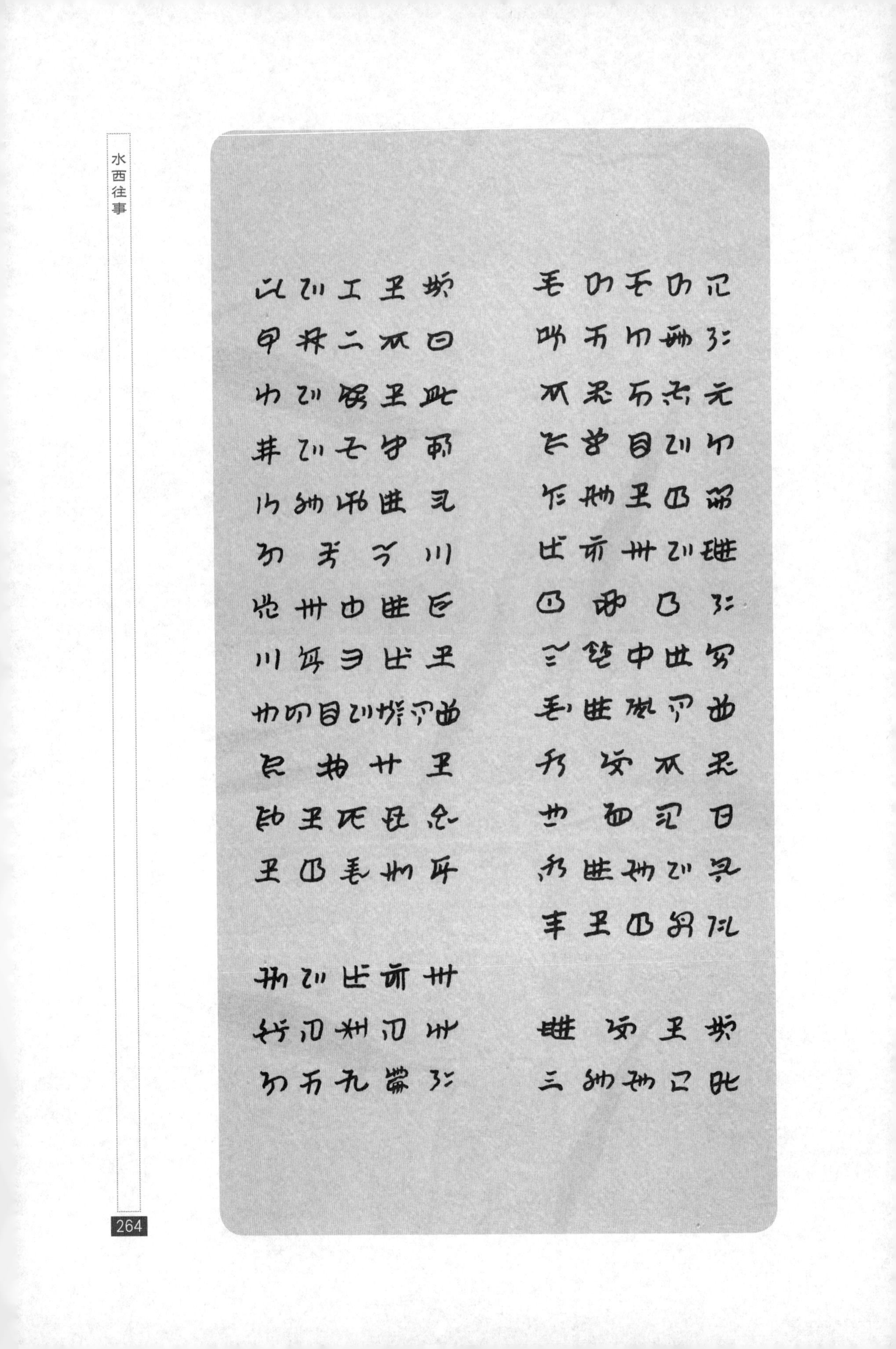

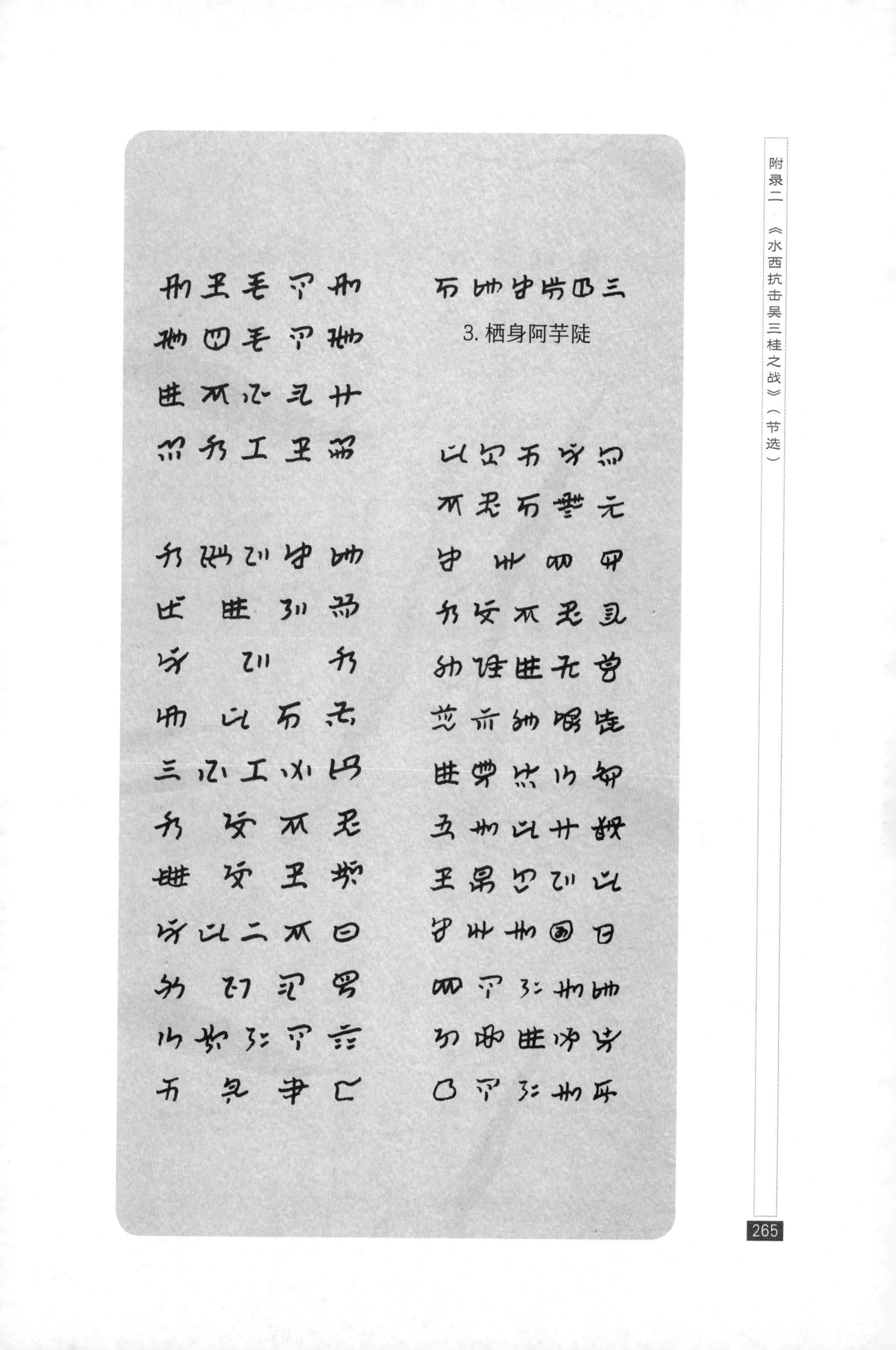

3. 栖身阿芋陡

4. 吴三桂叛清

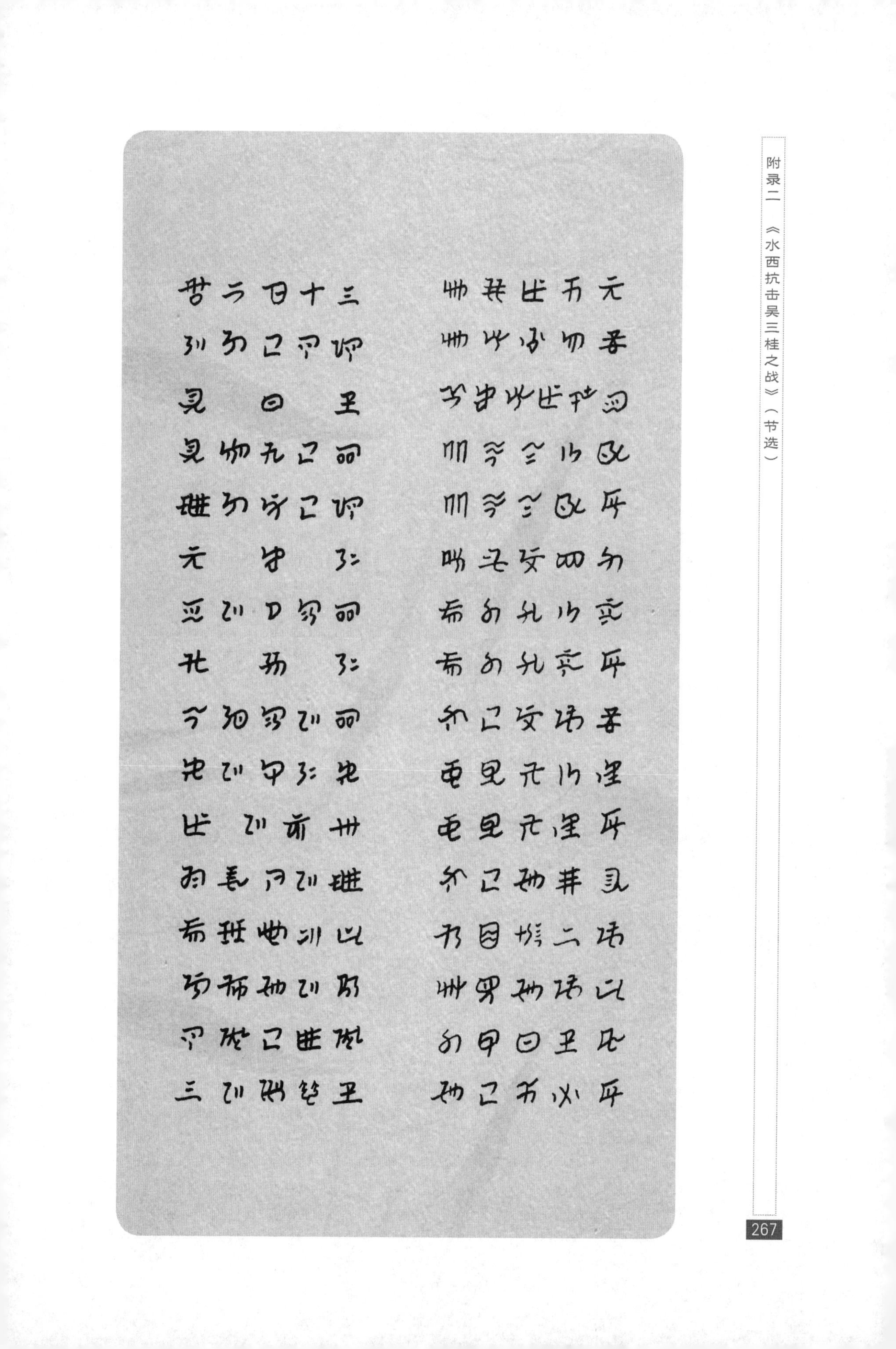

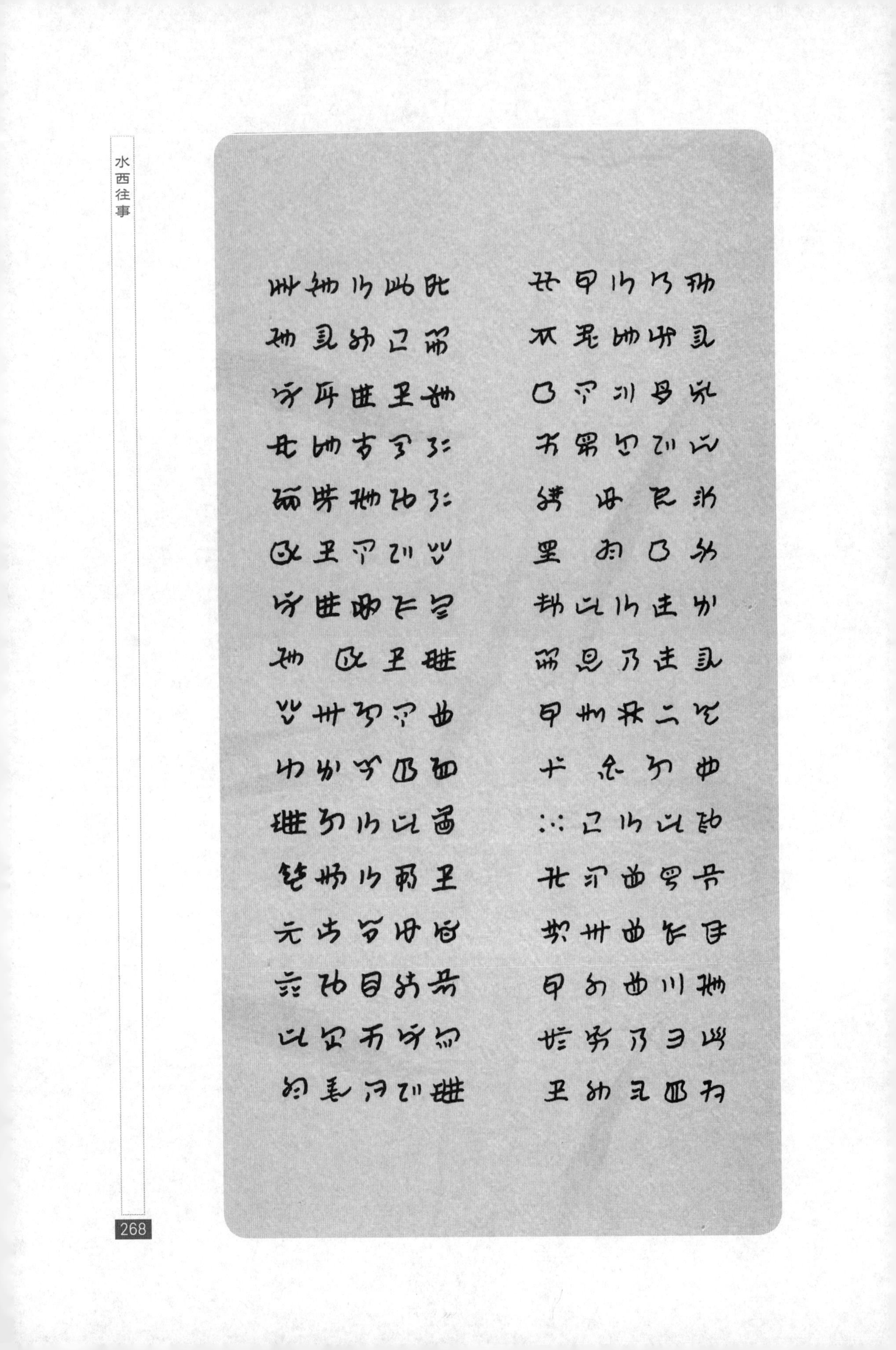

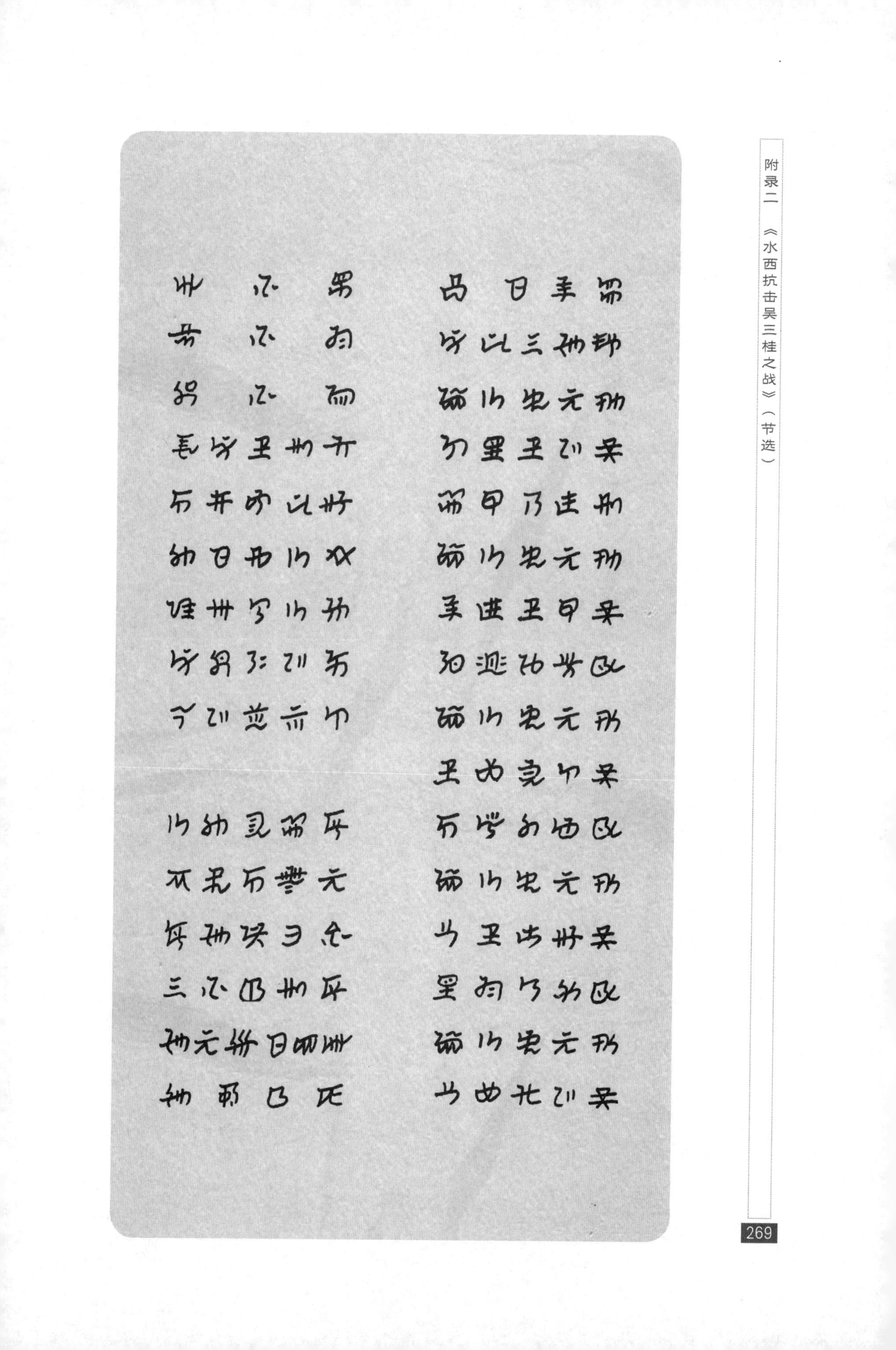

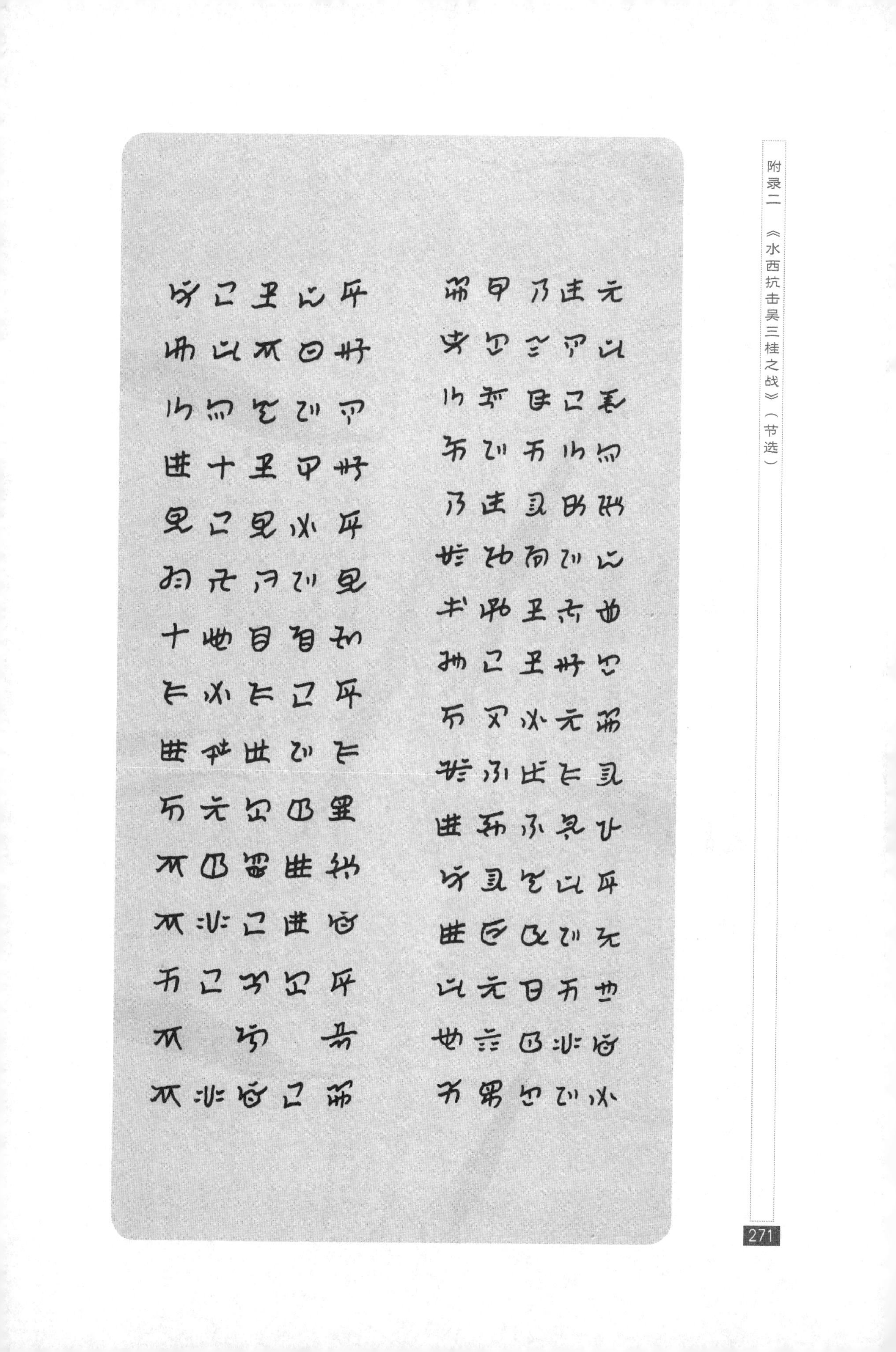

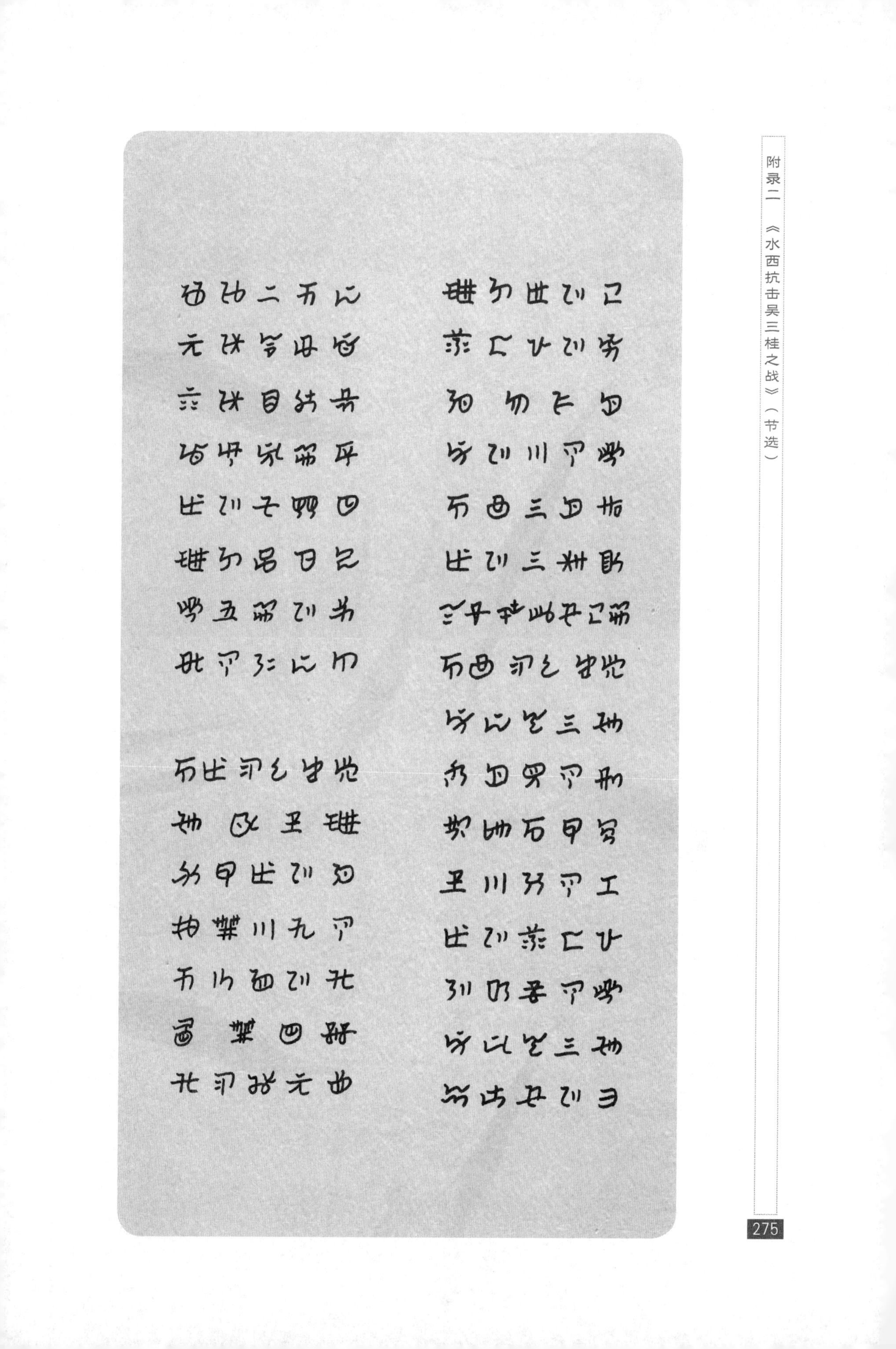

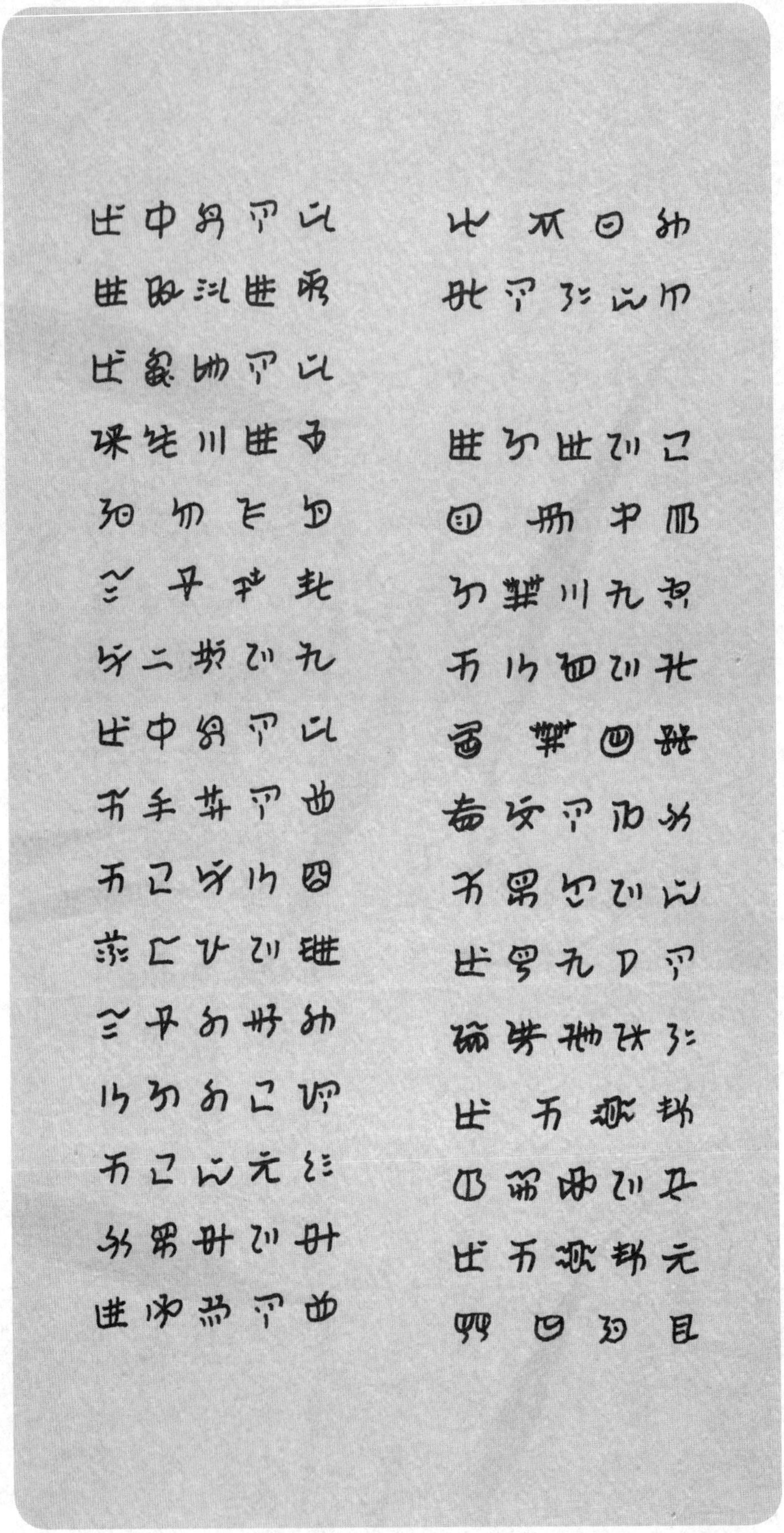

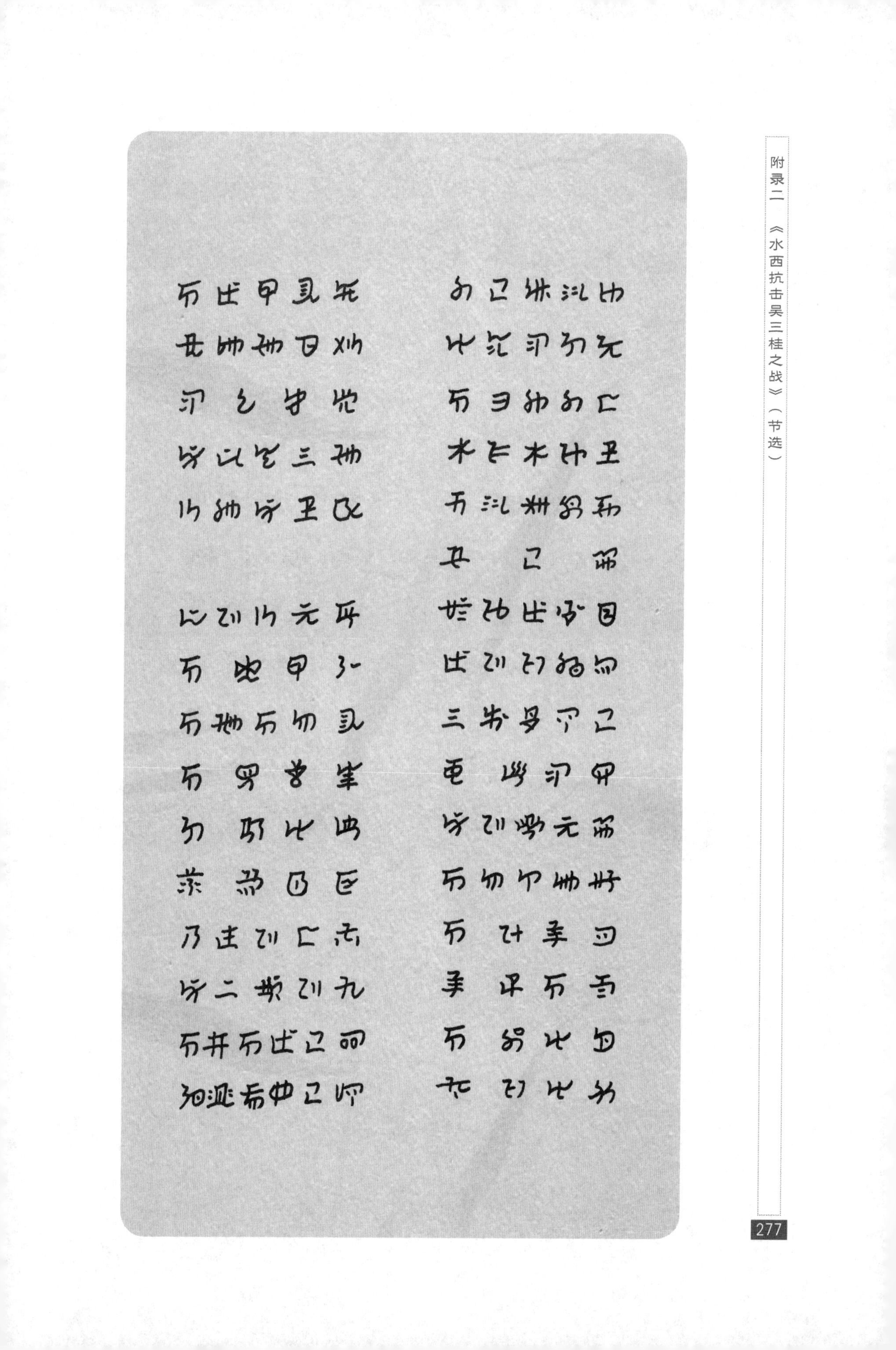

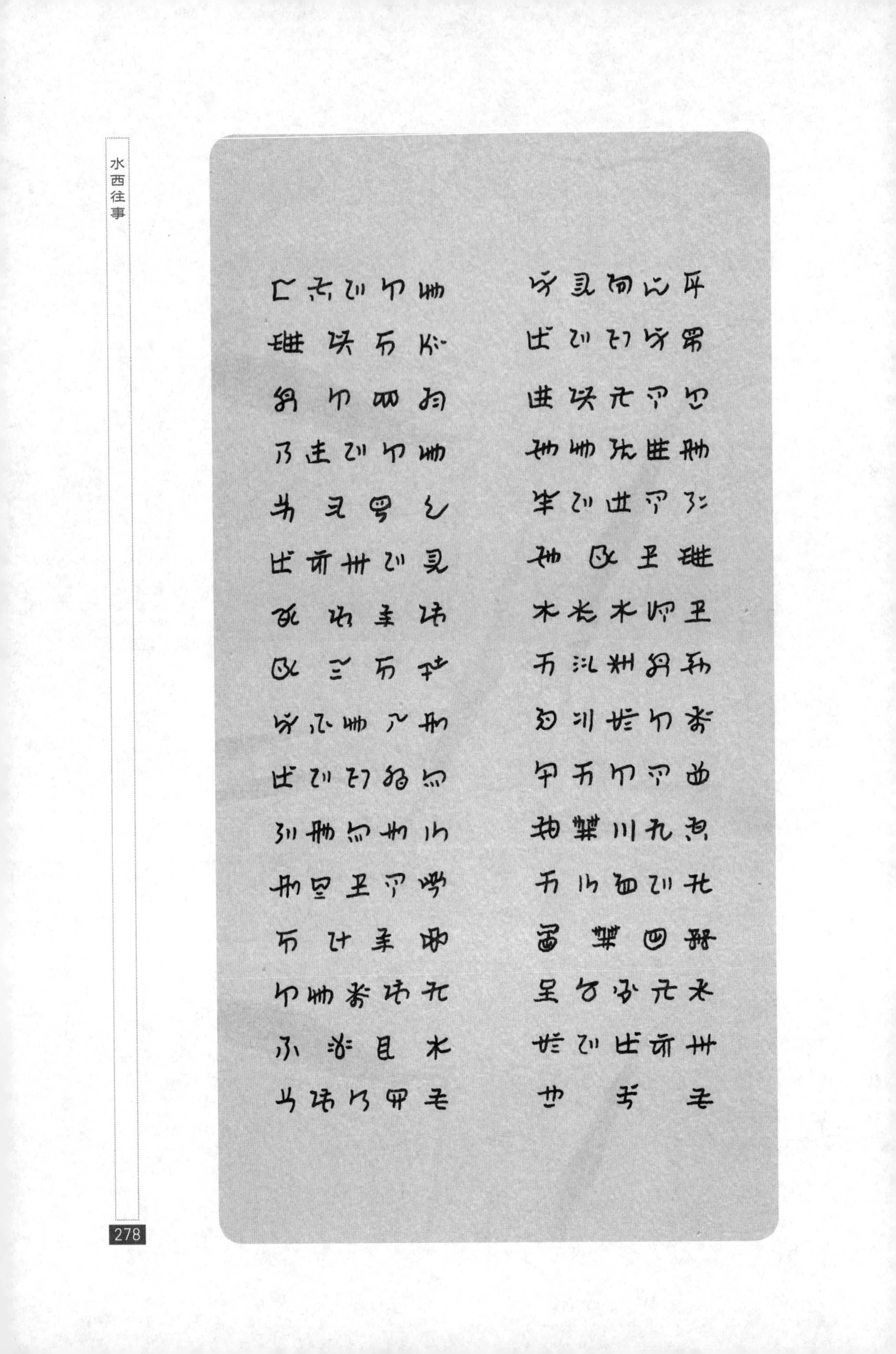

7. 迎兹摩归来

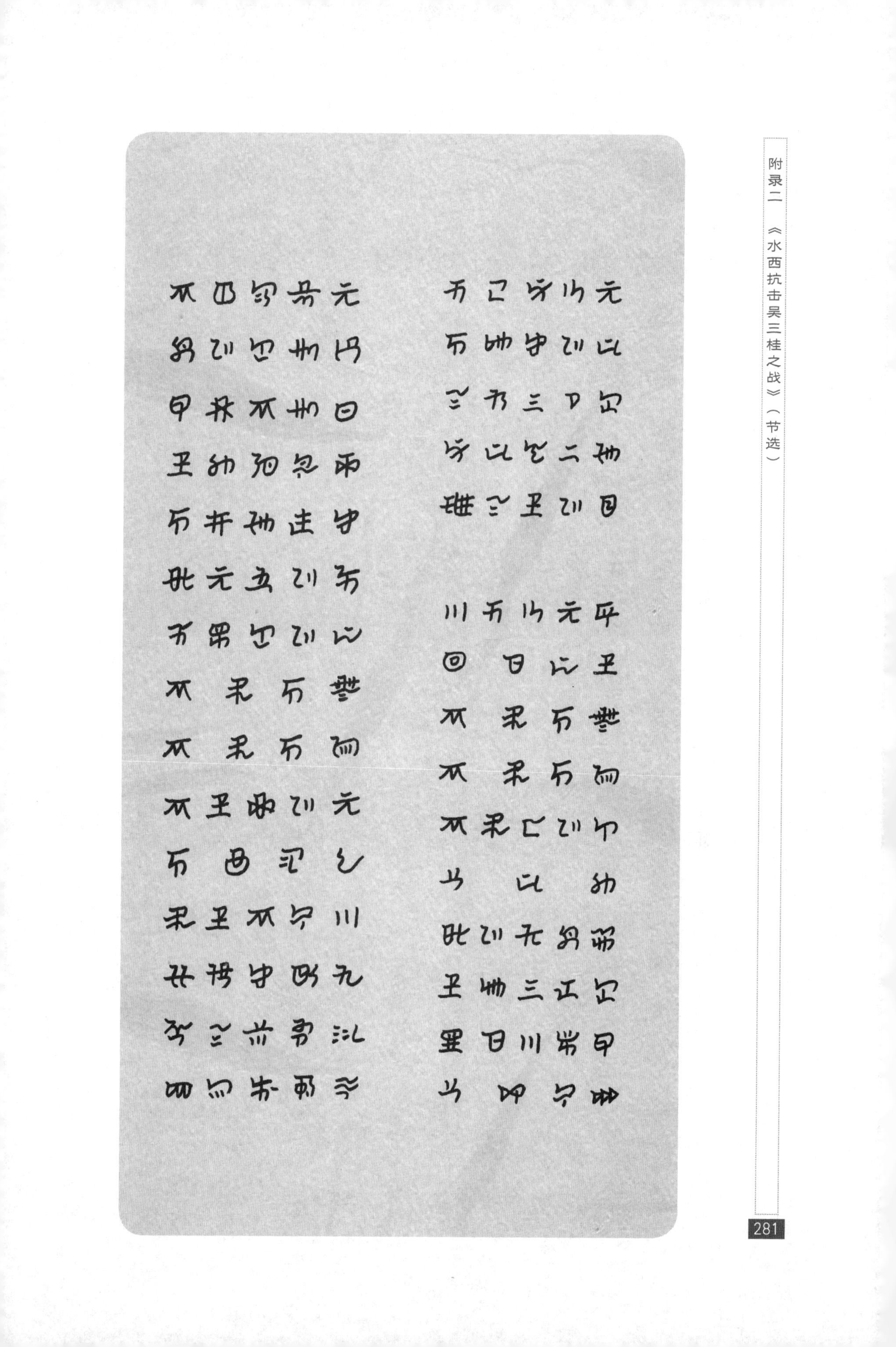

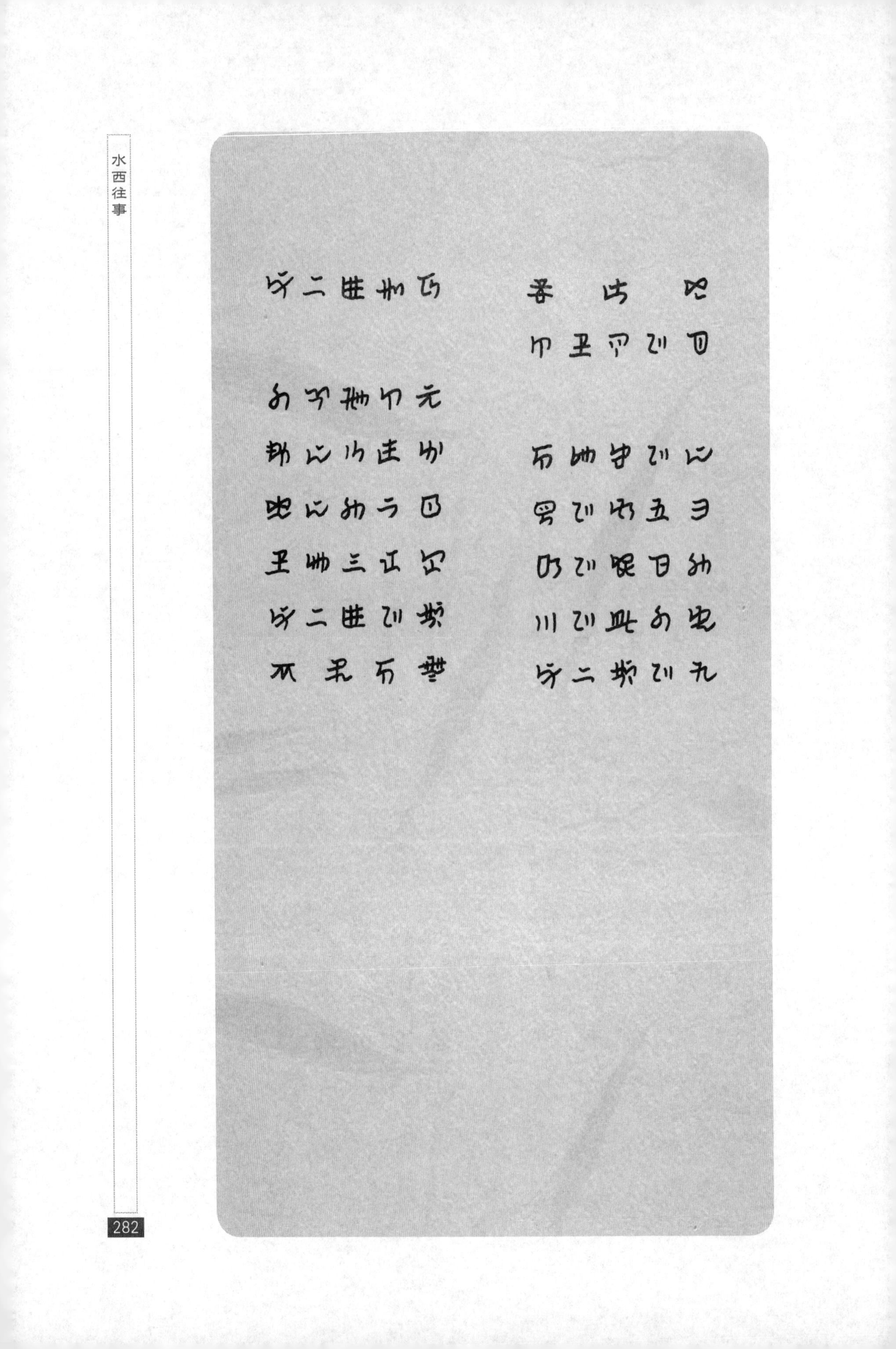